合伙人制度

有效激励而不失控制权是怎样实现的

郑指梁 吕永丰◎著

清华大学出版社
北京

内容简介

本书综合运用了投行、财务、税务、法律、HR相关知识,全面深入地对合伙人制度进行了分析。

如何选择合伙人、如何出资、如何估值、如何分钱、如何退出,这是每一位企业家与合伙人关心的话题。本书提供了大量的实操方案,旨在让读者能够拿来即用。

合伙人要发挥作用必须借助于一定的平台,合伙企业就是这样的平台。马云是如何通过相关平台控制蚂蚁金服的?任正非是如何控制华为的?宝能系是如何举牌万科的?本书一一为你揭秘。

股权架构作为企业的顶层设计,如何设计大有文章,如果设计不好会发生"把孩子养大,叫别人爹"的事情。因此,控制权设计、一致行动人计划、投票权委托、AB股权架构等,都是企业家关心的内容。

本书为企业家及高管们提供一种有效激励而不丧失控制权的设计工具与方法。

本书封面贴有清华大学出版社防伪标签,无标签者不得销售。
版权所有,侵权必究。举报:010-62782989,beiqinquan@tup.tsinghua.edu.cn。

图书在版编目(CIP)数据

合伙人制度——有效激励而不失控制权是怎样实现的 / 郑指梁,吕永丰 著. —北京:清华大学出版社,2017(2024.5重印)
ISBN 978-7-302-46898-1

Ⅰ.①合… Ⅱ.①郑… ②吕… Ⅲ.①企业制度—研究 Ⅳ.①F271

中国版本图书馆 CIP 数据核字(2017)第 063950 号

责任编辑:施 猛　马遥遥
封面设计:熊仁丹
版式设计:方加青
责任校对:牛艳敏
责任印制:杨 艳

出版发行:清华大学出版社
　　　　网　　址:https://www.tup.com.cn,https://www.wqxuetang.com
　　　　地　　址:北京清华大学学研大厦 A 座　　邮　编:100084
　　　　社 总 机:010-83470000　　　　　　　　邮　购:010-62786544
　　　　投稿与读者服务:010-62776969,c-service@tup.tsinghua.edu.cn
　　　　质 量 反 馈:010-62772015,zhiliang@tup.tsinghua.edu.cn
印 装 者:三河市铭诚印务有限公司
经　　销:全国新华书店
开　　本:170mm×240mm　　　印　张:13.75　　　字　数:232 千字
版　　次:2017 年 5 月第 1 版　　印　次:2024 年 5 月第 21 次印刷
印　　数:211001~213000
定　　价:68.00 元

————————————————————————————————————

产品编号:072280-01

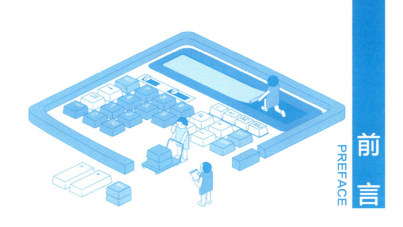

前言 PREFACE

合在一起,成为一伙

英国著名作家狄更斯在《双城记》开篇提到"这是最好的时代,也是最差的时代"。如果说我们的时代是最好的时代,是因为我们正处于改革的转型期,政通人和,机遇与挑战并存;如果说我们的时代是最差的时代,是因为中小企业面临融资难与人才激励失效的问题,即钱与人的问题。

钱的问题,企业可以通过股权融资和债权融资来解决,前者有控股权旁落的风险,这是引进外部投资人时必须付出的代价;后者有担保风险与财务风险,是以资产抵押或信用担保为代价的。但从某种意义来说,能用钱来解决的问题都不是问题。

人的问题,是企业最本质、最复杂的问题。传统的雇佣制解决不了员工工作激情、态度与潜力问题,解决不了出工不出力的问题。而合伙人制通过员工出资而使其成为企业股东或合伙人,让员工成为自己的"老板",这从根上解决了企业中人的问题,无论是芬尼克兹的"裂变式创业"、韩都衣舍的"自主经营体"还是稻盛和夫的"阿米巴制"都是合伙制的一种变形与最佳的实践。正如马云所说的:下一轮竞争,不是人才竞争,而是合伙人的竞争!

于是,社会代际更替推动着雇佣制向合伙人制的转变。同时合伙人制也代表着未来十年企业管理新思维。这是本书第一章的内容,我通过翔实的数据分析了合伙人的现状，这些数据均出自企业家们与高管们，具有较强的信度与效度。

企业中，合伙人包括股东合伙人、事业合伙人与生态链合伙人三种，前两者为内部合伙人；后者为外部合伙人。事业合伙人通过出资而分享企业的净利润或超额利润，例如万科和华为；生态链合伙人能把供应商、客户合在一起，成为一伙，例如泸州老窖；而股东合伙人是合伙的最高形式，是企业最终的所有者，其权利与义务受公司法所保护。

当然合伙人与股东是有区别的，我把前者定义成"恋爱模式"；即男女双方经过一段时间恋爱后，感觉彼此人生观和价值观趋同，于是选择黄道吉日去登记结婚了，这就是"婚姻模式"，即后者。因此，企业为规避不必要的风险，可以让员工先合伙再合股。这些都是本书第二章的内容。

合伙人要发挥作用，必须借助一定的平台。合伙企业与公司制企业就是这样的平台。前者中的合伙人可分为GP(普通合伙人)与LP(有限合伙人)，LP一般来说只是作为投资人出现，享受分红而不具有投票权；而GP是最终的决策人，例如马云作为GP控制蚂蚁金服、任正非作为GP控制华为，他们又是如何做到的？本书会一一揭秘。

万人瞩目的"宝万之争"，宝能系就是通过合伙企业来举牌万科的。如果当年的国美电器收购永乐电器后，把陈晓放在合伙企业这个持股平台的话，就不会有后来的黄光裕与陈晓之争。在实务中，企业家们对这方面的内容有些陌生。

在合伙企业中，投资人或员工大多通过出资而成为合伙人，享有相应的分红权，不可能出现所谓的虚拟股权、期权、期股等概念，这些是针对公司制而言的，例如电视连续剧《乔家大院》中乔致庸设计的银股和身股激励。故公司制是合伙人最普遍的持股平台。这是本书第三章的内容。

合伙人制度设计是本书的重点。我会详细介绍应如何选择合伙人，例如阿里巴巴和复星集团的合伙人选择标准有哪些？合伙人要不要出资，例如现金出资、无形资产出资和换股出资该如何落地操作？一般来说，合伙人愿意出资，也证明了合伙人对企业的认同。于是就会涉及企业发展壮大后的估值问题了，常用的估值方法有PB、PS、PE。

合伙人的出资经过估值后，有了一定的账面浮盈，这时只能看不能变现。这时的投资收益主要源于到手的分红，那么合伙人如何分钱呢？我重点阐述了兜底分钱、增量分钱和考核分钱三种形式。同样，合伙人如何退出也是合伙人普遍关心的问题，它包括荣誉合伙人退出、回购退出、IPO上市退出、绩效考核退出。这些构成了本书第四章的内容，其中有丰富的案例，也有具体落地的实操方案，以便于大家拿来就用。

本书第五章介绍了合伙人股权设计的那些事，具体包括股权架构的设计、股权控制权的设计、股权激励的设计、股权质押的设计和股权众筹的设计五大方面的内容。

企业家天不怕地不怕，最怕两件事：一是怕税务机关找上门；二是怕控制权丧失。前者有牢狱之灾的风险；后者会有"辛辛苦苦几十年，一下回到解放前"的窘境，即发生所谓的"把孩子养大，叫别人爹"的事情，俏江南的张兰、真功夫的蔡达标就是经典的案例。股权架构作为企业的顶层设计，如何设计大有文章，一致行动人计划、投票权委托、AB股权架构等，都是企业家感兴趣的内容，也是企业家内心最脆弱之处。

任何制度都有不足之处，合伙人制度也概莫能外，盛名之下，必有不足。那么合伙人制度有哪些风险需要预防呢？我将其概括为道德风险、章程风险、涉税风险和知情权风险。这是本书第六章的内容。

本书是全国第一本把投行、财务、税务、法律、HR相融合的书籍，具有多维跨界的角度，这要感谢我的财务总监与董事会秘书的工作背景。

本书源自我的全国公开课——合伙人制度。我要感谢所有参训的企业家和高管们，是他们启发了我的思路、完善了我的框架，并提供了真实的案例场景！

本书是我的第三本书，从立意到完成，历时近一年，是我在机场咖啡馆里、在高铁候车室内、在课后休息时写作而成的，天道酬勤！从中也体会到坚持之不易！

另外，特别鸣谢人力资源分享汇创始人李舟安先生、华侨基金管理有限公司副总裁刘鹏先生、浙江六和律师事务所张敏律师、京衡律师事务所李迎春律师、上海久速企业管理咨询有限公司创始人程志先生、清华大学出版社施猛先生，为本书的成稿提供了多方面的帮助。

欢迎与读者朋友们交流沟通,邮箱：2311581453@qq.com,微信：Zhiliang_zheng。

二〇一七年元月八日于杭州

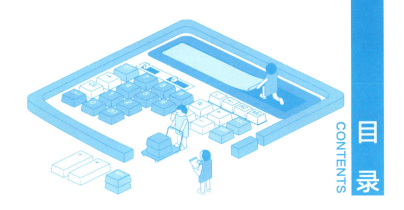

目录 CONTENTS

第一章 合伙人的现状
——雇佣时代结束，合伙人时代到来

第一节 雇佣时代VS合伙人时代 / 2
一、合伙人的定义 / 4
二、合伙人的特点 / 4
三、合伙人的适用企业 / 6

第二节 合伙人制度VS股权设计 / 7
一、理概念，防混淆 / 8
二、先联系，后区别 / 9
三、先合伙，再合股 / 10

第三节 合伙人万能VS激励工具 / 11
一、合伙人制度服从于企业的经营战略 / 12
二、合伙人制度并不是万能的 / 12

第二章 合伙人类型的选择
——合在一起，成为一伙

第一节 股东合伙人(工商登记) / 21
一、创业式股权 / 22
二、渐进式股权 / 24

第二节　事业合伙人(项目跟投) / 34
　　一、万科的事业合伙人 / 35
　　二、华为的事业合伙人 / 37
第三节　生态链合伙人(供应商、客户、投资人等) / 40
　　一、生态链合伙人操作便利性 / 42
　　二、生态链合伙人注意事项 / 42

第三章　合伙人平台的打造
—— 平台为王，资源整合

第一节　合伙企业 / 50
　　一、合伙企业与合伙人的区别 / 59
　　二、合伙企业与非法集资的区别 / 59
第二节　公司制 / 62
　　一、实股(注册股) / 63
　　二、虚股(虚拟股) / 64

第四章　合伙人制度的设计
—— 恋爱模式，操作灵活

第一节　如何选择合伙人 / 73
　　一、合伙人资格 / 76
　　二、合伙人特色 / 77
第二节　合伙人如何出资 / 78
　　一、现金出资 / 78
　　二、实物出资 / 80
　　三、无形资产出资 / 82
　　四、换股出资 / 85
第三节　合伙人如何估值 / 87
　　一、估值的方法 / 87
　　二、估值的阶段 / 90

三、估值的调整 / 91

第四节　合伙人如何分钱 / 96
一、兜底分钱 / 99
二、增量分钱 / 100
三、考核分钱 / 100

第五节　合伙人如何退出 / 103
一、荣誉合伙人退出 / 104
二、回购退出 / 104
三、IPO上市退出 / 107
四、绩效考核退出 / 112

第五章　合伙人股权的设计
——婚姻模式，融资融智

第一节　股权架构的设计 / 123
一、融资前的股权架构设计 / 126
二、融资后的股权架构设计 / 129

第二节　股权控制权的设计 / 131
一、间接控制 / 133
二、投票权委托 / 135
三、一致行动协议 / 136
四、AB股架构 / 139
五、控制董事会 / 140

第三节　股权激励的设计 / 141
一、股权激励的类型 / 142
二、股权激励的时机 / 144
三、股权激励的步骤 / 145

第四节　人力股的设计 / 150

第五节　股权质押的设计 / 152

第六节　股权众筹的设计 / 155
一、国内股权众筹的历史 / 157

二、国内股权众筹的类型 / 157
三、国内股权众筹的问题 / 158
四、股权众筹平台的盈利模式 / 159

第六章 合伙人的风险
——盛名之下，必有隐患

第一节 道德的风险 / 164
一、合伙人婚姻的风险 / 164
二、合伙人股权代持的风险 / 167

第二节 章程的风险 / 172
一、章程对《公司法》的补充 / 174
二、章程对股东资格丧失的规定 / 176
三、章程对股东股权转让的规定 / 177
四、章程对股东股权回购的规定 / 177
五、公司章程与股东协议的关系 / 178

第三节 涉税的风险 / 179
一、股权结构设计不合理的涉税风险 / 180
二、股东借款的个人所得税风险 / 183
三、股权转让中的涉税事项 / 184
四、股权对赌协议的涉税事项 / 185
五、股权激励中的涉税事项 / 185

第四节 知情权的风险 / 196
一、股东知情权 / 197
二、股东分红知情权 / 197
三、合伙人知情权 / 198

第五节 落地的风险 / 201
一、老板的支持 / 202
二、同事们的支持 / 202
三、好的时机 / 203
四、循序渐进 / 203

案例目录

案例1.1　海尔迎来合伙人时代　/　2
案例1.2　刘备为何选择股东+合伙人的模式？　/　7
案例1.3　永辉超市的合伙人制度的思考　/　11
案例1.4　一个夭折的合伙人计划　/　13
案例1.5　合伙人现状调查问卷　/　14
案例2.1　公司D的合伙人类型有哪些？　/　20
案例2.2　苹果公司创业式股权之路　/　22
案例2.3　某公司通过渐近式股权成功上市　/　24
案例2.4　股东合伙协议书　/　32
案例2.5　解密万科事业合伙人计划　/　35
案例2.6　任正非是如何玩转华为事业合伙人的？　/　39
案例2.7　美道家的生态链合伙人模式　/　40
案例2.8　某地板企业的经销商合伙人方案　/　42
案例3.1　讲师合伙人是应采取公司制还是合伙企业制？　/　48
案例3.2　万科与宝能股权之争　/　50
案例3.3　马云通过合伙企业控制蚂蚁金服　/　54
案例3.4　张玉良10万元出资控制188亿元的绿地集团　/　57
案例3.5　有限合伙企业协议　/　59
案例3.6　公司制下的股东结构多样性　/　62
案例3.7　员工虚拟股激励方案　/　64
案例3.8　乔致庸的银股和身股激励　/　67

案例4.1　泡面吧合伙人之间的"宫斗"　/　72
案例4.2　阿里巴巴合伙人的资格　/　73
案例4.3　郭广昌致复星全球合伙人的一封信(节选)　/　75
案例4.4　某企业是如何选拔合伙人的？　/　77
案例4.5　某企业的合伙人现金出资方案　/　78
案例4.6　A公司与B博士的专利技术出资的纠纷　/　82
案例4.7　D公司无形资产出资需要缴纳增值税吗？　/　83
案例4.8　美的集团吸收合并美的电器　/　85
案例4.9　一个主营人脸识别系统的初创企业估值　/　87
案例4.10　冯小刚与华谊兄弟公司的对赌协议　/　91
案例4.11　某企业的对赌协议　/　94
案例4.12　都是分钱惹的祸　/　96
案例4.13　大股东的兜底分钱承诺　/　99
案例4.14　华为创业元老刘平离职后股份回购的纠纷　/　104
案例4.15　某公司合伙金退出的规定　/　106
案例4.16　九鼎投资LP合伙人的退出　/　109
案例4.17　某公司合伙人计划实施方案　/　112
案例4.18　合伙人出资协议书　/　116
案例4.19　自愿参加合伙人计划的申请书　/　118
案例4.20　合伙人计划终止的协议书　/　118
案例4.21　关于终止××有限公司合伙人计划的申请书　/　119
案例5.1　梁山泊的股权之路　/　122
案例5.2　王宝强离婚前的股权架构布局　/　123
案例5.3　5个人合伙，股权架构如何设计才合理？　/　126
案例5.4　合伙人投资200万，占10%的股份，需要扩股多少？　/　129
案例5.5　俏江南是如何失去控制权的？　/　131
案例5.6　黄光裕与陈晓之争可以规避吗？　/　133
案例5.7　腾讯是京东第一大股东，为何影响不了刘强东的控制权？　/　135
案例5.8　腾讯是国外控股的公司吗？　/　136
案例5.9　Google公司的AB股架构，确保创始人不出局　/　139

案例目录 XI

案例5.10　刘强东如何控制董事会？　/　140
案例5.11　杭锅股份(002534.SZ)的股权激励计划　/　141
案例5.12　股权数量未达高管的预期而上市夭折　/　147
案例5.13　九阳股份(002242.SZ)基于销售额增长率的绩效考核　/　148
案例5.14　A公司的人力股如何设计？　/　150
案例5.15　银行为何把质押的股权平仓？　/　152
案例5.16　京东股权众筹　/　155
案例5.17　"茶品品"股权众筹项目计划书　/　160
案例6.1　土豆网创始人王微离婚引发的"血案"　/　164
案例6.2　某公司关于配偶股权处分限制的规定　/　166
案例6.3　公司创始人的股权属于其个人财产的协议　/　167
案例6.4　C公司所代持的股权为何被法院强制执行了？　/　167
案例6.5　《公司法》的司法解释对股权代持的部分规定　/　169
案例6.6　股权代持协议书　/　169
案例6.7　万科公司的章程如何抵御门口"野蛮人"　/　172
案例6.8　滴滴出行并购优步中国　/　174
案例6.9　股东被除名是否合法？　/　176
案例6.10　C公司转让300万元股权，通过纳税筹划可以节省78万元　/　179
案例6.11　VIE股权架构的涉税风险　/　181
案例6.12　股东借款的涉税问题　/　183
案例6.13　股权的平价转让需要缴纳个税吗？　/　184
案例6.14　甲股东有涉税风险吗？　/　185
案例6.15　大股东王董有涉税风险吗？　/　185
案例6.16　真功夫公司股东知情权纠纷案　/　196
案例6.17　丙股东分红权如何保障？　/　197
案例6.18　某公司用坏账准备金来调低合伙人分红　/　198

第一章

合伙人的现状
——雇佣时代结束,合伙人时代到来

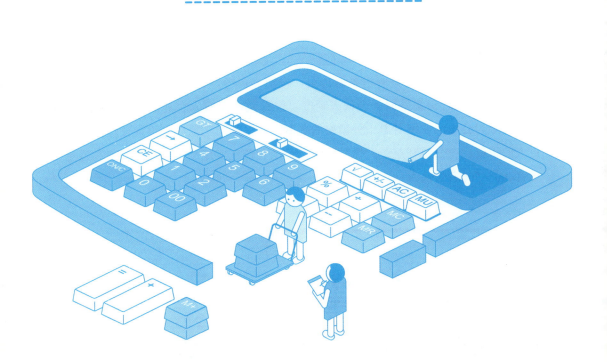

2015年3月,美的集团CEO方洪波先生称,要成为跟上时代的企业,美的需要具备扁平、高效、精简的"小公司"的特质;需要具备奋斗、敬业与超强执行力的"创业公司"的特质;需要具备开放、进取、有激情、有事业冲动的"新公司"的特质。为此,美的将创新长期激励制度,有效推动与促进公司"经理人"向"合伙人"的身份转变,绑定公司未来价值,实现全体股东利益一致,帮助企业提升价值。

那么企业的未来价值是什么呢?笔者认为就是找钱与找人,如图1.1所示。找钱可以通过股权融资与债权融资解决,这是企业的生存基础,试想一个企业如果没有足够的盈利能力与支付能力是不可能找到优秀人才的。而找人,找到优秀的人才,把他们发展成企业的合伙人,让他们成为利益共同体、价值共同体与命运共同体就是企业未来最大的成功。

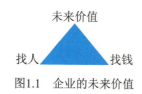

图1.1 企业的未来价值

合伙人的形式早已有之,但此前多存在于知识、技能、密集型的行业中,如会计师事务所、律师事务所、咨询公司、投资公司等。例如美国的高盛(1869年创立),从成立之初就采取了合伙人制度,优秀人才在成为企业的合伙人后,薪酬与奖金与公司的业绩有着十分紧密的关联。良好的员工激励制度促使员工创造更大的价值,在公司利益最大化的同时,员工利益也实现了最大化。目前高盛全球有400~500名合伙人。

第一节
雇佣时代VS合伙人时代

案例1.1 海尔迎来合伙人时代

2015年8月20日,海尔集团CEO张瑞敏做了题为《海尔的转型——从制造产品的企业转型为孵化创客的平台》的演讲，他认为新时代下互联工厂不是一个工厂的转型，而是生态系统的重建，要对整个企业全系统全流程进行颠覆。具体来说包括企业平台化、员工创客化。

1. 企业平台化

张瑞敏认为，互联网时代的企业，不仅要打破传统的科层制，更重要的是要变成平台，互联网就是平台。原来企业有很多层级，现在变成只有三类人。这三类人互相不是领导被领导的关系，而是创业范围不同的关系，是合伙人的关系。

第一类是平台主，即通过这些平台来产生多少创业团队和外部合伙人。第二类是小微主，即一个创业团队。第三类是小微，即普通员工要变成创客。三者之间的关系如图1.2所示。

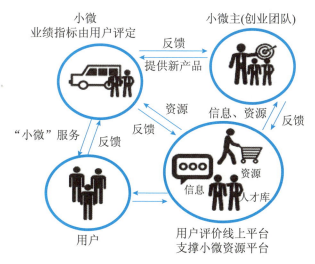

图1.2　平台主、小微主和小微之间的关系

2. 员工创客化

员工创客化要做什么？在海尔目前做的就是把员工从雇佣者、执行者，转变成创业者、合伙人。例如著名的雷神游戏本孵化项目就是外部合伙人的成功案例：

2013年末，一款名为雷神的游戏本进入市场；

2014年1月15日，雷神游戏本在京东上市，20分钟3000台游戏本被抢购一空；

2014年7月24日，雷神911上市，单型号10秒钟就销售3000台；

2014年雷神科技实现2.5亿销售额和近1300万净利润，跃升为国内游戏笔记本销售的第二名，并已拿到500万创投，估值1亿～1.5亿左右；

2015年，经过Pre-A和A轮融资之后，雷神科技真正开始独立运作，海尔的股份降到50%以下。

雷神科技是海尔内部员工的创业企业，创始人路凯林及其三名合伙人原是海尔的员工，在海尔推行内部变革的时候成为海尔内部小微主，并成功创办了雷神科技。

托尔斯泰曾说过："幸福的家庭总是相似的，不幸的家庭各有各的不幸。"而对企业来说正好相反，即企业失败的原因基本相同：经营出了问题或人出了问题。前者表现为企业的资金链断裂了；而后者表现为"我只是打工的，我只做岗位说明书要求的工作""我有能力了，世界这么大，我想去看看"，这就是雇佣时代人才管理的困惑。

正如哥德尔第一定律所说的那样：任何一个内部逻辑自洽的体系，一定有自己的边界，出了这个边界，这个逻辑立即失效。套用这个定律，雇佣时代的边界在哪？显然，移动互联网就是这个边界，出了这个边界就是大众创新、万众创业，人人想当老板。而这些必然打破传统的员工雇佣关系，转为合伙经营、合作发展，海尔员工创客化的实务为合伙人制度的落地提供了极佳的样本。

因此，未来正在发生，合伙人时代正在到来。

一、合伙人的定义

合伙人是指"合在一起，成为一伙"，成为风险共担和收益共享的合作伙伴。具体表现为获得股份或分红权，通过贡献价值来发展事业的人。

二、合伙人的特点

合伙人的特点如图1.3所示。

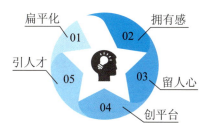

图1.3 合伙人的特点

（一）扁平化

互联网时代逐渐打破了马克斯·韦伯所提出的科层式组织的理论，淡化了上下级之间的关系，强调信息的对称性。合伙人之间一般没有强隶属关系，彼此是通过利益机制及价值观捆绑在一起的，是真正意义上的扁平化。正如任正非所说的："把指挥权交给离炮声最近的人。"

企业经营有三种境界：员工给老板干、员工给自己干、员工和老板一起干。合伙人制度就是后两种境界，这从根本上改变了人力资源利用的效率。由于角色的转变，上下级之间单向命令式管理逐渐消除，管理成本也就下降了，在这种情况下，员工更愿意付出，因为这样的付出和自己的收益直接相关。

（二）拥有感

没有人会用心擦拭一辆租来的车，合伙人制度最大的特点就是创造拥有感。对员工而言，打工只是过客，是没有安全感的；于是，在雇佣时代留不住优秀员工就成为常态了。拥有感表现为成就感、存在感和话语权，而成为企业的合伙人或股东本身就是对员工拥有感的肯定。

（三）留人心

企业不仅要把人留下，更要把"心"留下来，最终表现为把价值留下。薪酬福利只是把人留下来，而"身在曹营心在汉"的例子不胜枚举。因此成为合伙人就是留人心的过程，是一个事业共创、利益共享和风险共担的过程。

（四）创平台

公司发展的最高境界就是平台化，而平台化的背后则是资源的整合。对于创业型、中小型企业而言，获取资金、人脉资源、渠道资源、先进思想甚至核心技术人才的难度较大。因此这些企业想要获取优质资源，就必须让"资源"参与到企业组织经营中来，将双方利益"捆绑"在一起，责任与风险共担。

从某种意义来说，**股权是对资金的看重，而合伙人是对资源的看重**。合伙人可以以资金、专业、市场资源、渠道资源、产品资源等任何一种形式加入，灵活分配比例。例如，海尔通过千千万万的合伙人，打造企业的平台化战略；万科通过事业合伙人的平台，进行项目跟投；宗毅的芬尼克兹公司通过"裂变式创业"，创设了内部合伙人的平台。

(五) 引人才

随着时代的变迁，资本的光环在逐渐消退，人本时代即将到来。很多互联网企业在招聘人才时，会提及他们引以为傲的合伙人制度或股权激励计划。

特别是社会代际更替推动原来的雇佣制加快向合伙制转变，对于目前的"90后"和"00后"而言，原来的事业留人、待遇留人和情感留人已经不能满足他们的心理期望，已经不是最有效的方式了。正如马云所说的：下一轮竞争，不是人才竞争，而是合伙人的竞争！因此，合伙人制度代表未来十年企业管理新思维。

三、合伙人的适用企业

合伙人制可以发挥人力资本的最大价值，但也并非所有企业都适合合伙人制，笔者认为以下4种类型的企业可以考虑建立合伙人制度。

(一) 知识型的企业

这类企业需要不断创新，员工的责任心、投入度、创造性、协作性、学习力等要素是影响企业成败的重要因素。合伙人制度是协调资本与知识的关系的一种有效手段，合伙制企业或核心员工通过有限合伙企业对企业间接持股，使资本持有者和知识持有者之间突破了传统雇佣和被雇佣的关系，资本和知识共同参与企业剩余价值分割，从而产生合力效应，促进企业稳健发展。

(二) 处于初创期或战略转型期的企业

初创期或战略转型期的企业，需要面对授权、风险、"背靠背"、自主创新、主动协同的管理问题，企业需要建立适宜的激励体系，以匹配企业发展或转型时组织需要的管理行为的变化。合伙人制度的运用，能获得员工的坚定承诺、获得股东的强力支持，从而获得市场的信心与关注。

(三) 控制权稳定的企业

合伙人制度的有效性，源于原有股东与合伙人的利益一致。如果原有股权结构过于分散，难以达成一致行动，造成企业行动力和执行力的缺陷，即便引入新的合伙人，也不能解决问题，甚至可能引起更多纷争。

(四) 轻资产的企业

轻资产是一种以价值为驱动的资本战略，通过建立良好的管理系统平台，集中力量进行设计开发和市场推广，促进企业发展。最典型的轻资产型企业就是互联网企业，如阿里巴巴、小米等，其特点是自然资源、厂房和机器设备或者其他有形资产较少。这样的企业推行合伙人制度更易成功。究其原因，主要体现在合伙人的入股价格和股份收益上。较之重资产企业，轻资产企业的入股价格较低，而同样的新增利润，轻资产企业的每股收益会更高，所以，轻资产企业更易获得合伙人的认可与加入。

第二节
合伙人制度VS股权设计

案例1.2　刘备为何选择股东+合伙人的模式？

大汉公司由刘备、曹操和孙权三个股东构成，持股比例分别是30%、40%和30%，注册资金为1000万。其中，刘备为法定代表人兼董事长，曹操为董事兼总经理，孙权为董事兼副总经理。

因为三个股东都有当老大的潜质，最近公司为了进军房地产多元化发展还是固守传统的制造业而争论不休，在公司经营战略选择上，刘备与孙权组成一致行动人，而曹操经常在股东会上行使否决权。刘备虽贵为公司的法定代表人也束手无策。

某天，股东会讨论是否引进关羽、张飞作为股东，拟出让股份20%，但前提是同比例稀释各自的股份，其中曹操由原来的40%稀释到32%，失去了一票否决权(33.4%)。对此，曹操否决此议案，台面上的理由是不知道关张两人的人品与能力如何，何况又是刘备与孙权引进的；建议先从合伙人开始，只享受公司超额利润的分红，时机成熟时再转成股东。于是，他们三者的友谊之船说翻就翻，分裂成三家公司，刘备选择成都试点互联网金融，孙权在杭州做电商，曹操开始在郑州涉足房地产业务。

同年，刘备成立了大蜀公司，有了大汉公司的经验教训后，他决定自己持股比例为80%，其妻子20%。经过两年的发展，新的公司业务蒸蒸日上，但他也逐渐感觉到力不从心。于是引进关羽、张飞之事又提上刘备的工作日程，同时他猛然想起来曹操的反对理由，即先做合伙人再做股东的方案，顿时有一种醍醐灌顶的感觉，原来曹操真是一个聪明人。

刘备与关张二人约定，先以合伙人身份进入大蜀公司，不需要他们出资而享有公司年净利润的25%，即只有分红权，没有投票权。刘备许诺假如他们业绩达标，且与公司的价值观高度一致，2年后就转成公司的注册股东，关羽和张飞持股比例分别为13%和9%，股份来源为刘备出让10%，其妻子让渡12%。届时，大蜀公司将建立职业经理人制度，其妻子也将逐渐退出公司。

通过以上案例，我们知道了股权设计与合伙人制度设计是两种不同的人才激励模式。但在现实生活中，为什么大家容易把这两者混淆呢？即我们一说到合伙人制度设计就会马上联想到股权设计。笔者认为有如下几个原因。

一、理概念，防混淆

(一) 我们习惯从法律角度看待合伙人制度

以前律师操刀主持的股权激励设计很多，现在的合伙人制度由律师牵头的项目也不少。因为律师的长项表现为法律条文的解读与相关风险的预防，但律师往往缺乏企业的商业模式、盈利模式、内部经营、绩效考核体系等相关知识，在应用时往往缺乏实际企业的场景。这也就不奇怪为什么大家容易混淆两者。

好的律师就是：用法律的眼光审视管理，用管理的语言解读法律。

(二) 我们习惯从HR角度看待合伙人制度

从HR角度来说，实施股权激励应从人才管理与激励的角度展开。但现实是：不管是合伙人制度还是股权激励实质上更多是企业的顶层设计，与一般的管理制度有本质区别。

试想一个不曾参与公司治理结构和顶层设计的HR，来谈合伙人或股权激励，这个本身就是本末倒置。

(三) 合伙企业本身的复杂性

要知道一家合伙企业的设计本身需要涉及的面非常广，并不是仅从法律合规方面或者人才激励方面写出一个制度就能解决问题的，而是需要考虑投行、财务、税务、私募基金等诸多领域。但这些是我们所缺乏的。

二、先联系，后区别

既然合伙人制度与股权设计都是企业人才激励的形式，是企业的治理结构与顶层设计，那么两者之间有何联系与区别呢？笔者认为，从形式上来看，前者表现为股东合伙人、事业合伙人和生态链合伙人三种形式；后者则表现为实股与虚股两种形式。

笔者把它们做了一个排列组合，如图1.4所示。

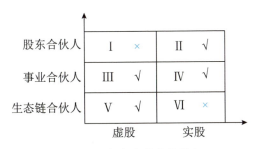

图1.4　股权与合伙人的组合

区域I：股东合伙人是指公司的注册股东，因此合的不是虚股。

区域VI：一般很少给外部合伙人以实股股份，因为法律风险太大；大多以新设立公司，各方占有多少股份的方式来合作，或者以合伙企业的形式来合作。

区域III和IV：事业合伙人可以通过虚股合伙，例如干股；也可以通过实股合伙，例如宗毅的内部创业计划，即公司有一个好项目，让内部员工通过新注册公司或合伙企业方式成为自己的老板。

因此，我们可以得出这样的结论：对于股东合伙人来说，以实股合作为主；对于生态链合伙人，则以虚股合作为主。而事业合伙人两者都有。

基于以上的分析，我们可以得出两者的区别，如表1.1所示。

表1.1　股权与合伙人的区别

序号	区别	股权	合伙人
1	价值取向	注重资本的价值	发掘人本的价值
2	分享基础	投资金额	价值贡献
3	适用范围	较小，内部合伙人为主	较大，内外部合伙人皆可
4	分配来源	存量，税后净利	增量，超额利润；或存量，税后利润
5	财务风险	公开真实利润报表	可以不涉及
6	操作便利	资产评估、占股比例、股权协议	可以不涉及
7	退出机制	严格，受公司法限制	灵活，设定好条件
8	税务风险	企业所得税、个税	个税

三、先合伙，再合股

企业为规避风险考虑，可以先把员工发展成合伙人，如同男女谈恋爱一样，经过一段时间磨合，双方感觉不错，这时同居就是瓜熟蒂落的事情了。男女双方在同居过程中，男方经常给女方画饼，海誓山盟，就像虚股一样，只有名义上的占有，而无法律上的保障。

男女双方经过一段时间同居后，感觉彼此人生观和价值观趋同，于是选择黄道吉日去登记结婚了。如果把一个家庭比喻成一家企业，结婚就等同于成为注册股(实股)股东，其权利与义务均受法律保护。婚后通常女方保管双方的结婚证，同时男方主动把工资卡交给女方，这简直是现实版的股权代持啊！

因此，员工从合伙人逐渐成为企业股东的历程如图1.5所示。

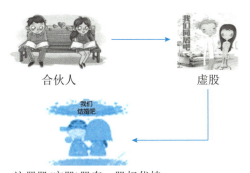

图1.5　合伙人成为股东的历程

如此操作，企业进退自如，风险降至最小。

第三节　合伙人万能VS激励工具

案例1.3　永辉超市的合伙人制度的思考

2012年，永辉超市对一线员工实行合伙人制度，经过3年的运营，永辉看到了合伙人制度对企业管理的改善。2014年，永辉员工人均工资从2309元增加到2623元，增加了14%；日均人效从1610元提高到1918元，上涨了19%；而离职率从6.83%降低到4.37%。

尽管在一个阶段，永辉的合伙人制度提高了员工的工作积极性、提升了业绩、降低了损耗、减少了离职率，但其可持续性还有待时间的考验。

例如，有些超市可能位置不是很好，或者业绩本来就比较稳定，创增量就比较难，所以设定的业绩目标未能达成，就无法成为合伙人。

但这种方式似乎治标不治本，而且随着门店运营的日益成熟，越来越多超市的业绩增长空间有限，合伙人制又该何去何从？

我们不难发现，超市业绩的增长最终还是要归结于对供应链的打造，而永辉超市在这方面一直走在前列。永辉先后与牛奶国际和京东合作，同时又入股中百集团和联华超市，积极发动"多边外交"实行联合采购，极大地降低了采购成本，为业绩的提升打下了基础。因此，永辉的管理层清醒地认识到合伙人制度只是一种有效的激励工具，它不是万能的。

总之，要将合伙人制度放在超市业态总体的大变革上，主要通过外部突破，才能创造更大的价值增量。只有这样，合伙人制度才有未来。

一、合伙人制度服从于企业的经营战略

永辉超市的案例告诉我们，合伙人制度是企业激励的顶层设计，是激励的工具和手段，而企业的终极目标是业绩的提升和经营战略目标的达成。当一家企业业绩不佳，走下坡路时，看似合理的合伙人制度也很难落地，所谓巧妇难为无米之炊！

按照这样的逻辑，我们知道永辉超市供应链的打造是其经营战略的一个重要环节。因此，任何制度都要服从于经营战略这个大局，合伙人制度概莫能外。

企业的经营战略与合伙人制度的关系可以看成道与术的关系，道是眼光，大局观，是战略；术是手脚，实务论，是战术。道统领术，术服务并服从于道；在得道、循道的前提下讲究术，道需要也离不开术的具体操作和落实。

二、合伙人制度并不是万能的

现在很多企业家将合伙人制度奉为圭臬，好像合伙人制度是万能的，可以包治百病，这其实是一种误解。它从本质上来说是一种工具，如同农民手中的锄头、瓦特改良的蒸汽机和传统企业使用的互联网一样。笔者认为以下两类企业就不适合采用合伙人制度。

（一）国企不适用合伙人制度

国企不适用合伙人制度，一是因为国企没有合伙人这个概念；二是因为国企打破不了体制的束缚，存在天然的障碍。如果拿出净利润或超额利润的一部

分来给员工分红,是禁止的,因为有国有资产流失的嫌疑,除非国资委认可并同意。

以上规定普遍适用于非上市的国企。随着我国国企混合所有制改革的深入,国有上市公司也逐步实行了股权激励。根据2016年8月13日起施行的新《上市公司股权激励管理办法》的规定,上市公司在有效期内的股权激励计划所涉及的标的股票总数累计不得超过公司股本总额的10%;上市公司任何一名激励对象通过全部有效的股权激励计划获授的本公司股权,累计不得超过公司股本总额的1%。在股权激励计划有效期内,高管个人股权激励预期收益水平,应控制在其薪酬总水平(含预期的期权或股权收益)的30%以内。

但能上市的国企毕竟是少数。因此,对于大多数国企来说,雇佣制还是主流,而非合伙人制。

(二) 天花板企业或无增量企业不适用合伙人制度

按照企业发展四阶段理论,天花板企业一般处于衰退期,前途暗淡,这时企业应考虑的是转型或关闭。企业如果在这个时候推出合伙人制度,一是转嫁经营风险,纯属"耍流氓";二是员工不会买单。

案例1.4 一个夭折的合伙人计划

杭州某经营节能灯的连锁企业遭遇线上电商的强烈冲击,员工动力不足,公司业绩增长乏力。老板赵总学习了笔者的合伙人制度的课程后,制定了合伙人方案,方案摘要如下:

1. 合伙人不需投入合伙金,各门店超额利润30%归员工。
2. 合伙人分红分三年进行,每年比例分别是50%、30%和20%。

方案公布后,应者寥寥。对此赵总一脸茫然,向笔者咨询,笔者经与企业的中高层、员工深入沟通后,发现如下几个问题:

1. 企业的战略定位不清。线上电商是未来的发展趋势,线下实体店的毛利率不断下降,企业销售额与净利润与去年相比分别下滑37%和26%,员工看不到企业的前景。

2. 实施的时间不宜。合伙人制度需要企业的盈利能力的支撑,在沟通中大部分员工反映如果能完成全年业绩目标的80%已是尽了最大的努力，更不用说要完成超额利润了，而合伙人分红的基础是超额利润。大家认为这个时候实施合伙人制度不太适宜，等企业业绩转好时实施比较合适。

因此，合伙人制度不是万能的。它是一个系统化的工程，需要与企业文化、经营战略、公司治理、薪酬体系、绩效考核相结合，才能真正落地。企业引入和实施合伙人制度还需要根据企业实际情况慎重考虑、科学规划。

无论如何，既不能违背合伙人制度的初衷，即共享愿景、共谋发展、共享利益、共担风险，也不能违背管理的常识和基本法则，那就是尊重人、认可人、发展人，真心欣赏、诚意合作。

案例1.5　合伙人现状调查问卷

2016年2月，笔者联合人力资源分享汇，对226家企业的董事长、总经理和其他高管进行了书面问卷调查，其中收到有效问卷118份，结果如下：

1. 您觉得合伙人会不会颠覆传统的雇佣制？

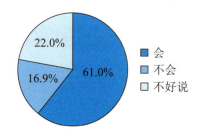

2. 您目前的公司需要引入合伙人制度吗？

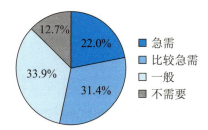

3. 您目前所在公司接近哪个阶段？

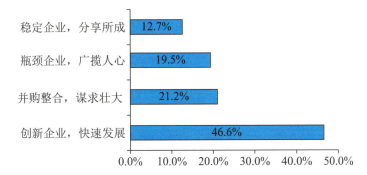

4. 在您的观念中，合伙人制度更偏向下列哪种方式？

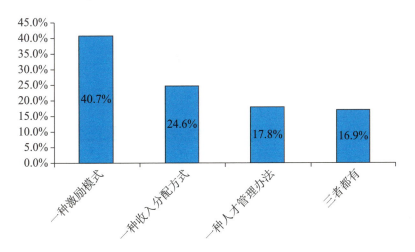

5. 您觉得以下四家企业，哪一家合伙人制度做得最好？

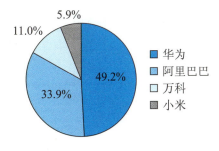

6. 在合伙人制度设计过程中，您觉得最困难的是哪一个环节？

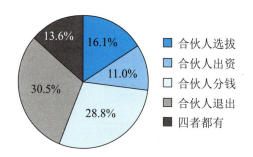

7. 在合伙人股权设计过程中，您觉得最困难的是哪一个环节？

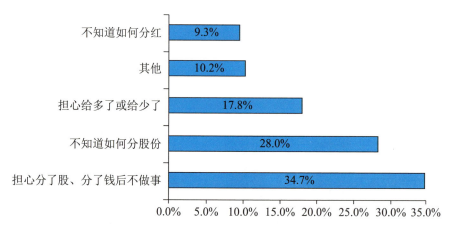

8. 您目前的企业推行合伙人制度最大的问题是什么？

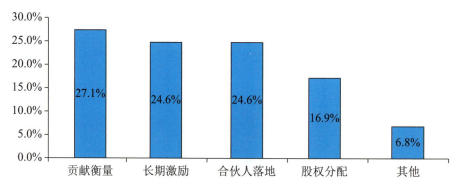

9. 您认为合伙人制度失败最大的原因是什么？

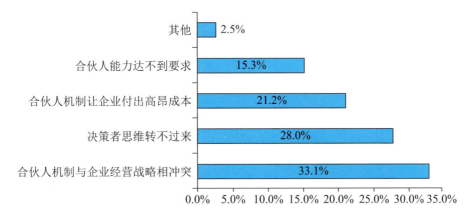

10. 您觉得合伙人制度实施过程中，最应该考虑的问题是什么？

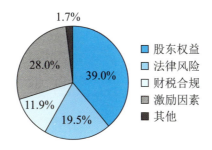

第二章

合伙人类型的选择
——合在一起，成为一伙

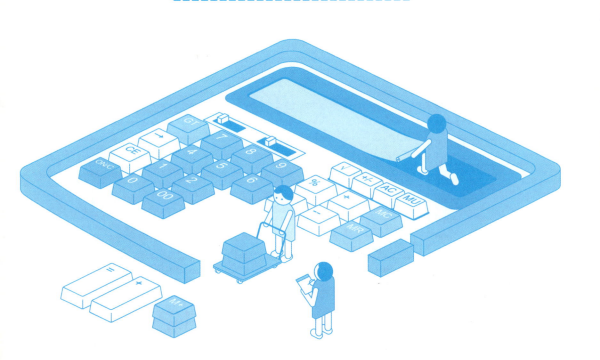

案例2.1 公司D的合伙人类型有哪些?

某公司C是浙江一家互联网企业。2013年5月成立,有甲、乙和丙3个股东。随着业务的开展,公司决定进军空气净化器市场。具体操作如下所述。

1. 项目合伙:进行内部创业大赛,有野心、有能力的员工参赛,让公司C的高管用钱投票,获胜员工成为新公司股东及合伙人,并且在合伙人团队中选出总经理。

2. 注册公司:成立控股子公司D,注册资金1000万元;公司C(由甲和乙股东出资)投入600万,占51%;事业合伙人团队E(包括公司C的高管)投入400万,占49%。

3. 增资扩股:公司D注册资金提高至4000万元,新增出资3000万元的来源为上游供应商2家公司投入500万元;代理商共8个自然人投入2500万元,划归新成立的有限合伙企业F。这时公司D的股权架构为:甲和乙股东35%;合伙人团队41%,合伙企业F(持股平台)24%。

3年后,公司D的销售业绩如图2.1所示。

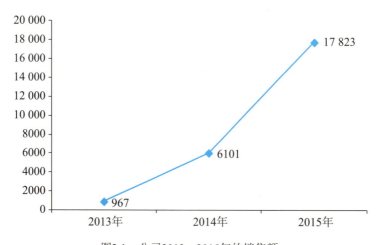

图2.1 公司2013—2015年的销售额

经过测算,公司D的销售额2014年比2013年增长了531%;2015年比2014年增长了近200%。这是一个把员工变成内部合伙人、把供应商和客户变成外部合伙人的经典案例。尤其要注意的是大股东甲和乙的度量与让利,因为这两个创始股东在引进外部合伙人时,股权稀释了16%,而事业合伙人人团队股权稀释了8%。

在这个案例中，公司D中有股东合伙人甲、乙、丙三人，他们是法律意义上的股东；有事业合伙人团队E，他们是公司D的合伙人，同时也是法律意义上的股东；有以合伙企业F为持股平台的生态链合伙人。

因此，企业的合伙人可以分成股东合伙人、事业合伙人和生态链合伙人，如图2.2所示。

股东合伙人
(工商登记)

事业合伙人
(项目跟投)

生态链合伙人
(供应商、客户、
投资人等)

图2.2 合伙人的类型

第一节 股东合伙人（工商登记）

股东合伙人是指在工商局登记注册的股东，是企业的最终所有者，也是我们在前文所提的实股股东或注册股东。这是合伙人的最高阶段，也是最紧密的合伙形式。而把股东合伙人联结在一起的就是两个字：股权。

2017年热播电视连续剧《人民的名义》中，大风厂以公司股权(员工持股为40%)作质押向山水集团借款5000万元。后因大风厂无力偿还借款，山水集团受让了全部的股权，此时股权的市值达高10亿元，而根据合同的约定山水集团不必给大风厂员工任何补偿。

在这种情况下，山水集团组织强拆，而大风厂员工护厂引发了大火。大风厂员工舍命也不言放弃的股权到底是什么呢？这就是我们通常所说的原始股，即大风厂一旦上市，员工手中的股权可以置换成几十倍的财富。所以在他们眼中，无股权不富。

按照这个逻辑，我们可以把股权分成创业式和渐进式两种，如图2.3所示。

图2.3　股权的分类

一、创业式股权

美国著名的投资家彼得·蒂尔在其畅销书《从0到1》中，把创新比喻成从0到1的过程，其实初创企业也是一个从0到1的过程，是从无到有的过程。

在这个阶段中，你投入有形资产或无形资产就成为企业的创始股东，即股东合伙人。对于大部分企业来说，初创企业当中股东合伙人以亲戚朋友居多，因为这个阶段公司的前景不太清晰，不大可能吸引优秀的人才加盟，这就能解释我国家族式企业居多的原因了。

在初创企业阶段的股东合伙人拥有的是先天股权。如果企业发展壮大IPO上市了，股权成为资本市场的货币，股东合伙人当然名利双收；反之，企业发展不顺，股东合伙人手中的股权则一文不值。所以创业式的股权有点运气的成分。

案例2.2　苹果公司创业式股权之路

苹果公司创业式股权之路如图2.4所示。

1983年，百事可乐总裁斯卡利加入苹果，担任CEO。"你是想卖一辈子糖水，还是想抓住机会改变世界"，当年乔布斯用这句话打动了斯卡利。有意思的是斯卡利没能改变世界，但是改变了乔布斯。

1988年，马库拉联合投资人赶走了乔布斯。作为创始人的乔布斯才拥有企业15%的股份，出局是必然的结果，详见图2.4。

1996年，乔布斯回归，马库拉离开。苹果公司正式进入乔布斯时代，终成为全球市值最高的公司。但神一般的乔布斯也会犯股权设计的错误。

第二章 | 合伙人类型的选择——合在一起，成为一伙 | 23

图2.4 苹果公司股权之路

从案例2.2中，我们在设计创业式股权时有哪些启发呢？

1. 1976和1977年，苹果公司平分股权，这个是最大的败笔。我们可以参考全球互联网巨头Facebook创始人扎克伯格初创公司时的股权设计策略，其股权架构如图2.5所示。

扎克伯格65%　　萨维林30%　　莫斯科维茨5%

图2.5 Facebook公司初创时的股权架构

这也符合了3人创业公司的股权架构模式：1>2+3，即其中一个股东的股份大于其他两个股东之和。在这个案例中扎克伯格拥有65%的股份，大于50%的控制线。

2. 创始人之间内斗，给外部投资者创造机会夺取公司控制权。当年马库拉因不满乔布斯解除他的CEO职务而与外部投资者联合，把乔布斯赶出董事会。对此,双层和三层的股权架构就能很好地让创始股东牢牢控制公司。例如Facebook公司和Google公司就是其中的代表,这方面的内容,本书后面会重点展开。

二、渐进式股权

前面说过,企业从0到1是从无到有的过程,面临生存的压力与倒闭的危机。而从1到N是渐进式的过程,是个复制的过程。如果企业不解决股权架构设计的问题,很可能会出现"把自己的孩子养大,叫别人爹"的现象。例如雷士照明的吴长江和真功夫的蔡达标。因此渐进式股权存在先天的缺陷。

但从另外角度来看,这个阶段的企业成功渡过生存期,除了自身的经营外,企业会选择收购、兼并等资本运作的手段来做大做强。于是股权融资就诞生了。

案例2.3 某公司通过渐近式股权成功上市

思考:下面所述公司第一大股东的股份是如何被稀释的?该大股东是如何通过股权来融资的?合伙人是如何通过股权致富的?

(一)第一轮:公司成立

2008年10月公司成立,创始股东为张三、李四和王二,其中王二是张三的爱人。注册资本为1000万元,王二的注册资金100万元由张三代出。张三为公司的实际控制人和第一大股东,如表2.1所示。

表2.1 公司成立时股权架构

第一轮									
时间	股东类型	股东姓名	创始股东						备注
			持股比例/%	持股数/万股	投资金额/万元	注册资本/万元	实收资本/万元	资本公积金/万元	
200810	创始团队	张三	70.0%	700	700	700	700	0	-
		李四	20.0%	200	200	200	200	0	-
		王二	10.0%	100	100	100	100	0	张三代出
201009	天使投资1								
201112	核心团队1								
201206	天使投资2								
201212	风险投资								
201312	核心团队2								

(续表)

时间	股东类型	股东姓名	第一轮 创始股东						备注
			持股比例/%	持股数/万股	投资金额/万元	注册资本/万元	实收资本/万元	资本公积金/万元	
201412	私募PE								
201512	上市流通股								
总计			100%	1000	1000	1000	1000	0	-
总计			每股价格	1.0元		投后估值		1000万元	
股份来源			公司成立						

(二) 第二轮：天使投资A轮

2010年9月，王二将5%股份转让给A轮天使投资人1，转让款为100万元。投资人进入公司有两种渠道，一是股权转让，二是增资扩股。前者转让款进入股东个人腰包(如本案例中的王二)，而后者进公司的账户，股东无正当理由是拿不走的。详见表2.2所示。

表2.2 天使A轮后的股权架构

时间	股东类型	股东姓名	第二轮 天使投资1						备注
			持股比例/%	持股数/万股	投资金额/万元	注册资本/万元	实收资本/万元	资本公积金/万元	
200810	创始团队	张三	70.0%	700	700	700	700	-	-
200810	创始团队	李四	20.0%	200	200	200	200	-	-
200810	创始团队	王二	5.0%	50	50	50	50	-	-
201009	天使投资1		5.0%	50	100	50	50		股转
201112	核心团队1								
201206	天使投资2								
201212	风险投资								
201312	核心团队2								
201412	私募PE								
201512	上市流通股								
总计			100%	1000		1000	1000	-	-
总计			每股价格	2.0元		投后估值		2000万元	
股份来源			预留股认购(王二获利50万元，未考虑税务成本)						

(三) 第三轮：部分高管及核心员工持股

2011年，王二将其所持有的5%股份以200万元转让给公司的核心团队(5人)。至此，王二正式退出公司的日常经营与管理，也标志着公司家族化管理的终结，即通过引进职业经理人，使公司治理结构规范化。如表2.3所示。

表2.3　王二股份全部让渡

第三轮									
时间	股东类型	股东姓名	核心团队1						
			持股比例/%	持股数/万股	投资金额/万元	注册资本/万元	实收资本/万元	资本公积金/万元	备注
200810	创始团队	张三	70.0%	700	700	700	700	-	
		李四	20.0%	200	200	200	200	-	
		王二	0.0%	-	-	-	-	-	
201009	天使投资1		5.0%	50	100	50	50	-	
201112	核心团队1		5.0%	50	200	50	50	-	股转
201206	天使投资2								
201212	风险投资								
201312	核心团队2								
201412	私募PE								
201512	上市流通股								
总计			100%	1000	1200	1000	1000	-	-
			每股价格	4.0元		投后估值		4000万元	
股份来源			预留股认购(王二获利150万元，未考虑税务成本)						

(四) 第四轮：天使投资B轮

2012年，大股东张三将5%股份转让给天使投资人2，转让款为400万元(即8元/股)。通过个人股权转让，张三扣除投资成本50万元，共获利350万元(未考虑税务成本)。股权转让交易过程如表2.4所示。

表2.4　张三与天使投资人的股权交易过程

第四轮									
时间	股东类型	股东姓名	天使投资2						
			持股比例/%	持股数/万股	投资金额/万元	注册资本/万元	实收资本/万元	资本公积金/万元	备注
200810	创始团队	张三	65.0%	650	650	650	650	-	-
		李四	20.0%	200	200	200	200	-	-
		王二	0.0%						

(续表)

| 时间 | 股东类型 | 股东姓名 | 第四轮 ||||||
||||天使投资2 ||||||
			持股比例/%	持股数/万股	投资金额/万元	注册资本/万元	实收资本/万元	资本公积金/万元	备注
201009	天使投资1		5.0%	50	100	50	50	-	-
201112	核心团队1		5.0%	50	200	50	50	-	-
201206	天使投资2		5.0%	50	400	50	50	-	股转
201212	风险投资								
201312	核心团队2								
201412	私募PE								
201512	上市流通股								
总计			100%	1000	1550	1000	1000		
			每股价格	8元		投后估值		8000万元	
股份来源			大股东张三转让(张三获利350万元，未考虑税务成本)					

此时，公司第一大股东张三的持股比例由原来的70%降至65%，失去绝对控制权地位。鉴于个人股权转让涉及个税，即张三应交个税=(400-50)×20%=70(万元)，即张三股权转让实得280万元。请大家思考下，假如张三是一家享有核定征收的个人独资企业，他应交多少个人所得税？

(五) 第五轮：风险投资A轮

2012年12月，公司召开了股东会，所有股东一致同意向某风投(VC)定向增发111万股，18.0元/股，共募集资金2000万元，此轮公司投后估值为20 000万元，相应增加注册资金约111万元，如表2.5所示。

表2.5 风投VC进入及增资

| 时间 | 股东类型 | 股东姓名 | 第五轮 ||||||
||||风投VC ||||||
			持股比例/%	持股数/万股	投资金额/万元	注册资本/万元	实收资本/万元	资本公积金/万元	备注
200810	创始团队	张三	58.5%	650	650	650	650	-	-
		李四	18.0%	200	200	200	200	-	-
		王二	0.0%	-	-	-	-	-	-
201009	天使投资1		4.5%	50	100	50	50	-	-
201112	核心团队1		4.5%	50	200	50	50	-	-
201206	天使投资2		4.5%	50	400	50	50	-	-

(续表)

第五轮								
时间	股东类型	股东姓名	风投VC					备注
			持股比例/%	持股数/万股	投资金额/万元	注册资本/万元	实收资本/万元	资本公积金/万元	
201212	风险投资		10.0%	111	2000	111	111	1889	增资
201312	核心团队2								
201412	私募PE								
201512	上市流通股								
总计			100.0%	1111	3550	1111	1111	1889	-
			每股价格	18.0元		投后估值		20 000万元	
股份来源			定向增资扩股						

正因为风投(VC)的加入，所有股东的持股比例被稀释了，例如第一大股东张三持股比例由65%稀释到58.5%，但注册资金增加了111万元，这就是我们经常所说的定向增资扩股。

(六) 第六轮：成立合伙企业A

2013年12月，公司成立合伙企业A作为持股平台，包括14名高管和核心骨干、6名张三的大客户和供应商。公司向合伙企业A以20.52元/股的价格定向增发股本58万股，募集资金1200万元。合伙企业的GP(普通合伙人)为张三，另20名公司内部员工与外部投资人为LP(有限合伙人)。此时的股权架构如表2.6所示。

表2.6 合伙企业A成立后的股权架构

第六轮									
时间	股东类型	股东姓名	股权激励(核心团队2)						备注
			持股比例/%	持股数/万股	投资金额/万元	注册资本/万元	实收资本/万元	资本公积金/万元	
200810	创始团队	张三	55.6%	650	650	650	650	-	-
		李四	17.1%	200	200	200	200	-	-
		王二	0.0%	-	-	-	-	-	-
201009	天使投资1		4.3%	50	100	50	50	-	-
201112	核心团队1		4.3%	50	200	50	50	-	-
201206	天使投资2		4.3%	50	400	50	50	-	-
201212	风险投资		9.5%	111	2000	111	111	1889	-
201312	核心团队2		5.0%	58	1200	58	58	1142	增资
201412	私募PE								

(续表)

时间	股东类型	股东姓名	第六轮 股权激励(核心团队2)						备注
			持股比例/%	持股数/万股	投资金额/万元	注册资本/万元	实收资本/万元	资本公积金/万元	
201512	上市流通股								
总计			100%	1169	4750	1169	1169	3031	-
			每股价格	20.52元		投后估值		24 000万元	
股份来源			定向增资扩股						

此时公司14名高管和核心骨干拥有的公司股份,与前面第三轮的部分高管所持有的实股是有本质区别的。第三轮的部分高管属于个人直接持股,第六轮14名高管和核心骨干则通过持股平台间接持股。这些内容将在本书的第三章详细详述。

既然两者存在区别,那么公司14名高管和核心骨干为什么还愿意出资呢?那是因为2013年公司销售收入与净利润同比增长分别达到178%和134%,员工看到公司的发展前途,纷纷出资投入这个持股平台中。

同时公司增加注册资金58万元,全体股东持股比例进一步被稀释。

(七) 第七轮:资本公积金转增注册资本

2014年3月,为了提升公司的对外形象与展示公司的实力,公司决定提高注册资金的额度。公司所有股东同意实施公积金转增股本(注册资金)方案,从原来累积的资本公积金3030万元中划拨1830万元,充实到注册资金中。因此公司注册资金提高到3000万元,如表2.7所示。

表2.7 公积金转增注册资金

时间	股东类型	股东姓名	第七轮 公积金转增注册资本						备注
			持股比例/%	持股数/万股	投资金额/万元	注册资本/万元	实收资本/万元	资本公积金/万元	
200810	创始团队	张三	55.6%	1667	650	1667	1667	-	-
		李四	17.1%	513	200	513	513	-	-
		王二	0.0%	-	-	-	-	-	-
201009	天使投资1		4.3%	128	100	128	128		
201112	核心团队1		4.3%	128	200	128	128		
201206	天使投资2		4.3%	128	400	128	128		

(续表)

时间	股东类型	股东姓名	第七轮						备注
			持股比例/%	持股数/万股	投资金额/万元	公积金转增注册资本			备注
						注册资本/万元	实收资本/万元	资本公积金/万元	
201212	风险投资		9.5%	285	2000	285	285	1200	-
201312	核心团队2		5.0%	150	1200	150	150		转增
201412	私募PE								
201512	上市流通股								
总计			100%	3000	4750	3000	3000	1200	-
			每股价格	20.52元		投后估值		24 000万元	
股份来源			资本公积金转约1830万元						

注册资金对企业来说，到底意味着什么呢？笔者在上课时经常会被学员问及。另外学员还会提及新创立公司，注册资金多少比较合适？笔者详细解释如下。

1. 2024年7月1日实施的新《公司法》规定注册资本实行实缴制，对于新法实施前的存量公司实行3年的过渡期，对于新法实施后注册的公司，要求在5年内缴足。

2. 如果公司经营不善，资不抵债，法律规定所有的注册股东在认缴的范围内承担连带责任，而你认缴的资本首先要补齐。

3. 如果公司引进外部投资人，投资人一般会要求原来股东将注册资本补实。例如某电商企业估值1亿元，注册资金6000万元；投资人投入4000万元，但同时要求公司原股东补足注册资金。这对于融资企业来说难度很大。所以认缴资本过高对于新创立的公司来说未必是好事。

4. 《公司法》规定：公司每年应当计提税后利润的10%，留做法定公积金；当法定公积金达到注册资本的50%时就不再提取了。所以，你的注册资本过高的话，这一项提取的金额就过大了。

因此，初创企业注册资金不是越高越好，应量力而行。当企业因经营发展需要增加注册资金时，可以采取不同的方式，例如公积金转增注册资本、追缴注册资本等。

(八)第八轮：私募基金进场

2014年10月，公司开始股份改制，并做了上市路演，其中有6个投行(私募基金PE)看好公司发展前景，公司经过慎重考虑，选择了私募资金B(PE)。

公司向私募资金B定向增发1800万股，募集资金1.8亿元，此时股价为27.33

元/股。同时公司注册资金由3000万元上调至3659万元，剩余的1.7341亿元资本公积金转增股本。此时公司投后估值为10亿元。详见表2.8。

表2.8 私募基金进场

第八轮

时间	股东类型	股东姓名	私募PE投资						备注
			持股比例/%	持股数/万股	投资金额/万元	注册资本/万元	实收资本/万元	资本公积金/万元	
200810	创始团队	张三	45.6%	1667	650	1667	1667	-	-
		李四	14.0%	513	200	513	513	-	-
		王二	0.0%	-	-	-	-	-	-
201009	天使投资1		3.5%	128	100	128	128	-	-
201112	核心团队1		3.5%	128	200	128	128	-	-
201206	天使投资2		3.5%	128	400	128	128	-	-
201212	风险投资		7.8%	285	2000	285	285	1200	-
201312	核心团队2		4.1%	150	1200	150	150		-
201412	私募PE		18.0%	659	18 000	659	659	17 341	增资
201512	上市流通股								
总计			100.0%	3658	22 750	3658	3658	18 541	-
			每股价格	27.34元		投后估值		100 000万元	
股份来源			定向增资扩股						

作为对价，原有股东股份自然被稀释，例如第一大股东张三持股比例由55.6%稀释到45.6%，丧失了相对控投地位。

(九) 第九轮：公司IPO上市

2015年12月，公司进行IPO上市股改，即有限公司整体折股为股份有限公司。鉴于公司目前注册资金为3659万元，经所有股东表决同意将资本公积金转增3841万元至注册资金（注：资本公积金还剩余1.47亿元=1.8541亿元-0.3841亿元），此时股份公司的注册资金为7500万元，即7500万股（1.0元/股）。

根据《证券法》的规定，公开发行的股份达到公司股份总数的25%以上；公司股本总额超过人民币4亿元的，公开发行股份的比例为10%以上。故股份公司对外发行社会公众流通2500万股（募集资金约5亿元），再加上受限股7500万股，总股本为1亿股。详见表2.9。

表2.9 公司IPO上市

第九轮

时间	股东类型	股东姓名	上市IPO						备注
			持股比例/%	持股数/万股	投资金额/万元	注册资本/万元	实收资本/万元	资本公积金/万元	
200810	创始团队	张三	34.2%	3418	650	3418	3418	-	-
		李四	10.5%	1052	200	1052	1052	-	-
		王二	0.0%	-	-	-	-		
201009	天使投资1		2.6%	263	100	263	263		
201112	核心团队1		2.6%	263	200	263	263		-
201206	天使投资2		2.6%	263	400	263	263		
201212	风险投资		5.8%	584	2000	584	584	14 700	
201312	核心团队2		3.1%	307	1200	307	307		-
201412	私募PE		13.5%	1350	18 000	1350	1350		-
201512	上市流通股		25.0%	2500	50 000	2500	2500		IPO上市
总计			100.0%	10 000	72 750	10 000	10 000	14 700	
			每股价格	48.0元		模拟市值		480 000万元	
股份来源			公开发行(公积金3842万元转增注册资本)						

此时第一大股东张三持股比例为34.2%，但其账面价值=3418×48=164 064（万元）。根据我国证券法的规定，通过IPO新股申购得来的股票可以在上市当日进行流通，配售与承销的证券机构则锁定3个月，其他大小非一般在上市1年后开始流通(注：占股不足5%的称为小非，5%～10%称为大非)。但公司大股东或实际控制人，如表2.9的张三手中的股票需3年后才能解禁。

案例2.4 股东合伙协议书

一、分工约定

甲乙丙丁四人作为公司的股东合伙人，分工如表2.10所示。

（一）股权转让：原则上每个合伙人的股权不得随意转让第三方；确实需转让者，必须书面提交股东会全体股东表决通过方可执行，否则视为无效。

（二）股权套现：全体股东同意股份套现条件：

1.在公司IPO上市前，股权套现仅限于第四方投资人之到账现金；

2. 本项目获得投资后，在不影响项目发展及征得投资人(股东)同意的前提下，需要套现的一方可书面提交股东会多数表决通过后套现，被出让的股权仅限于公司股东受让；

3. 套现额＝自己所持股份比例×第三方投资到账金额×(不高于50%)；

4. 下次套现时间为新投资者跟投之后，计算方式同上；以保证投资人信心团队稳定及项目平稳发展。

表2.10　四名股东合伙人的分工

岗位	股东合伙人	股权比例	投票权比例	利润分配规则	主要职责
CEO	甲	67%	67%	全体股东合伙人一致同意：按净利润提取30%的企业发展基金后按股权比例分配	1. 战略：负责项目战略、商业模式及阶段性策略制定； 2. 人才：负责项目所需人才的物色，新合伙人的招募； 3. 融资：负责项目发展到一定阶段的融资
COO	乙	15%	15%		1. 负责项目的运营维护； 2. 负责产品的市场推广； 3. 负责用户的调研反馈
CTO	丙	10%	10%		1. 负责按战略展开阶段性产品研发； 2. 负责产品安全性测试和升级迭代
CMO	丁	8%	8%		1. 负责产品的渠道销售； 2. 负责产品的市场建设

二、薪酬财务约定

(一) 在获得投资前或项目盈利前，四名股东合作关系属于持股免薪全职创业。

(二) 该项目从创立之初即按照公司模式管理运作，由甲方暂时负责财务工作，定期向团队汇报后全体股东签字，以便作为融资的账目凭证。

(三) 该项目获得首轮投资后，开始扩建团队，引进财务主管及市场拓展主管等人才，完善公司管理制度，四名股东皆遵守公司管理制度。

三、分歧表决原则

(一) 遇到某合伙人岗位工作的分歧，应该采取"专业负责制"原则：即首先应倾听专业板块的股东合伙人(例如丙股东)的观点及解释，然后全体股东表决，如果全体股东皆不同意丙股东的解释；而丙股东仍坚持按他的方案展开工作，此时如果CEO甲股东不投反对票，可让丙股东的方案执行，但丙股东须对执行后果负责，同时CEO甲股东负有连带责任；

(二) 针对发展策略的分歧，原则上应先展开用户调研，听取用户建议；之后由全体股东表态决定，如果全体股东仍无法解决分歧，则由CEO甲股东最终拍板定夺；CEO甲股东承担决定后果的主要责任。

四、入伙退伙机制

(一) 新股东进入原则：如项目发展需引入新股东，必须满足以下条件：

1. 专业技能与现有股东互补而不重叠；

2. 需经过多数(或全体)股东面试认同；

3. 股权比例需经过全体股东协商决定；

4. 从全体股东按原股权比例稀释。

(二) 合伙人退出原则

1. 某股东合伙人因能力、精力或时间不能胜任项目发展需要，已经严重阻碍项目发展，由全体股东表决通过后可与该合伙人解除合伙关系；该合伙人之前的投资额在1年内分2次无息返还；该合伙人的技能及精力投入根据股东会按行规表决折算为相应费用补偿；

2. 某股东合伙人因主观因素主动退出该项目，通过向股东会提交申请，经过全体股东表决通过后可与该合伙人解除合伙关系；该合伙人之前的投资额在1年内分2次无息返还；该合伙人的技能及精力投入不做任何补偿；该合伙人不再享有项目的任何权益。

五、保护原则

(一) 所有股东合伙人都须对该项目的商业模式、软件代码和设计保密并承诺不对第三方公布。

(二) 所有股东合伙人都不能与任何第三方展开类似业务的合伙或合作，否则视为严重违约并自动退出该项目，不再享有该项目的任何股权及权益。

第二节 事业合伙人(项目跟投)

事业合伙人是指在本企业内，掌握自己的命运、事业共创、利润共享和责任共担的那些人。对于同样采用"事业合伙人"称谓,不同企业所采取的组织结构、授权程度、激励力度等可能存在较大的差异。

事业合伙人可以分为两类:一类是企业拿出一项业务、产品、项目、区域(单店)等可独立核算的经营体,同参与该经营体运营的员工共同投资、共享利润、共担投资风险,如万科的项目跟投、连锁企业的单店员工入股。

另一类是企业不区分不同业务、项目、区域,其虚拟股份对应整体经营盈利情况,全体合伙人出资认购公司整体的虚拟股份,并根据企业整体盈利状况进行分红、承担风险,如华为的内部员工持股计划。

其实我们经常看到的中国电信和中国移动的加盟店,从本质上来说是事业合伙人,只不过是外部事业合伙人。笔者重点说下万科的事业合伙人与华为的事业合伙人的操作套路。

一、万科的事业合伙人

2014年4月万科开始了事业合伙人的尝试,把职业经理人制度升级为事业合伙人制度。而事业合伙人在落地实操中,常常表现为项目跟投。万科的项目跟投包括组织形式、参投范围、持股比例、出资规定、退出制度和收益分配等,如图2.6所示。

```
                 ┌──────┐
                 │ 跟投 │
                 │ 机制 │
                 └──────┘
   组织形式 —— 整个跟投过程的主体和操作流程
   参投范围 —— 具有参投资格的人员范围和限投范围
   持股比例 —— 员工跟投金额所占项目最大股份
   出资规定 —— 员工具体金额限制和出资时间
   退出机制 —— 员工离职或中途退出的方式
   收益分配 —— 项目收益如何分配、何时分配
```

图2.6 万科项目跟投的内容

案例2.5 解密万科事业合伙人计划

万科某A项目投资总额为10亿元,采取公司制方式运作。A项目由两名股东构成,分别是万科控股占51%,B公司(注:通常为万科的外部合作伙伴)占49%。

万科拿出其中的13%作为所在公司的跟投比例,资金总额为1.3亿元;其中

深圳盈达投资基金管理有限公司(注：万科的合伙人持股平台)投资比例为8%(即8000万元)，项目合伙人为5%(即5000万元)。具体操作流程如下所述。

(一) 参投范围与持股比例规定

根据合伙人的类别，设定跟投的上限与下限，例如区域总经理跟投上限为500万元、下限为50万元。合伙人只有出资才会对自己的行为负责，最终成为"老板"。

区域公司的合伙人属于强制跟投；但公司的员工或区域内不参加本项目的其他同事，包括集团的同事则属于自愿跟投，如表2.11所示。

表2.11 万科区域公司的参投范围

等级	类别	具体人员	跟投性质	跟投下限	跟投上限	跟投总额	跟投比例
A	总经理	××	强制跟投	50万	500万	1750万	35%
	首席合伙人	管理层、项目负责人、营销总监等	强制跟投	20万	70万		
	资深合伙人	剩余M序列	强制跟投	5万	45万		
	项目合伙人	项目相关人员	强制跟投	2万	10万		
B	公司员工	剩余公司员工	自愿跟投	1万	7.5万	1500万	30%
C	区域合伙人	区域本部强制跟投人及区域级合伙人	强制跟投	以区域细则为准		250万	5%
	区域内其他同事	区域本部及区域内其他一线公司同事	自愿跟投	1万	10万	500万	10%
D	集团内其他单位员工	按照跟投规则	自愿跟投	1万	10万	1000万	20%

(二) 成立合伙企业

1. 根据表2.11的规定，万科××城市公司总经理甲(GP)投入500万元、副总经理乙(LP)投入70万元、员工代表丙(LP)投入5万元，共同发起成立"合伙企业1(有限合伙)"，并与本区域公司跟投的其他员工(共4425万元)，签订《代持协议》，其他员工委托该合伙企业进行投资。此时，合伙企业1(有限合伙)投资资金共计5000万元。

2. 深圳盈达投资基金管理有限公司(GP)投资8000万元，与"合伙企业1(有限合伙)"(LP)跟投的5000万元，发起成立"合伙企业2(有限合伙)"，持有A项目的13%。

3. A项目是以公司制来运作的，因为房地产开发企业拿地及招投标等工作需要一定的资质,而这些是合伙企业不具备的,合伙企业在本案例中仅是一个事业合伙人的持股平台。

基于此,A项目的股东由"合伙企业2(有限合伙)"、当地的城市公司(区域公司)和B公司三方构成,持股比例分别为13%、38%和49%。万科A项目的跟投流程如图2.7所示。

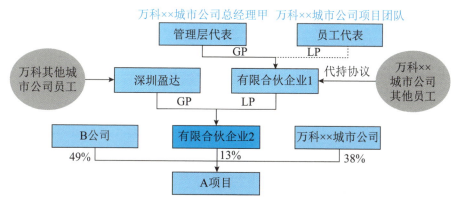

图2.7　万科A项目跟投流程

(三) 注销合伙企业

1.5年后A项目结束,项目公司实现了销售资金回笼,按照房地产行业平均净利润率15%匡算,净利润为1.5亿元。因此,"合伙企业2(有限合伙)"占股比例为13%,分红为1950万元,其中万科XX城市公司总经理甲的分红为75万元(1950×5000/13000×500/5000),投资回报率为15%(75/500)。

合伙人分红后,缴纳个人所得税;全体合伙人签署清算报告,包括债权债务清理完毕和税款工资已缴清;到税务部门开具清税证明后,合伙企业向工商局申请注销。

万科××城市公司占股比例为38%,分红所得为5700万元(1.5亿×38%)。按照税法的规定需要缴纳25%的企业所得税,如果分配到自然人股东还需要缴纳20%的个人所得税。B公司类同。从这个案例中,我们可以看到合伙企业确实比公司制操作灵活,其最大的特点是避免了双层征税。

二、华为的事业合伙人

华为早在1990年时就推出了员工持股的概念,即让员工成为事业合伙人。与其他企业的事业合伙人制度不同，华为的合伙人持股平台是工会委员会，这个阶段的合伙人收益主要是固定的股票分红。华为的事业合伙人计划发展历程如图2.8所示。

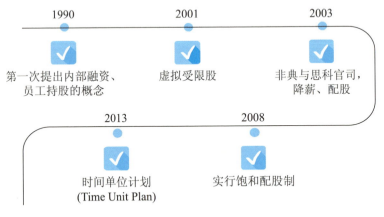

图2.8　华为的事业合伙人计划发展历程

2001年，华为公司实行了虚拟受限股计划。该计划规定以后员工从虚拟受限股中获得收益的大头不再是固定的分红，而是其对应的公司净资产的增值部分。从固定股票分红向"虚拟受限股"的改革是华为激励制度从"普惠"原则向"重点激励"的转变。

2001年后，华为公司实行了相应的员工持股改革：新员工不再派发长期实行的1元/股的股票，而老员工的股票也逐渐转化为期股，即所谓的"虚拟受限股"(下称"虚拟股")。虚拟股由华为工会负责发放，每年华为会根据员工的工作水平和对公司的贡献，决定其获得的股份数。员工按照公司当年净资产价格购买虚拟股。拥有虚拟股的员工，主要的收益变化是除了可以获得一定比例的分红，还可以获得虚拟股对应的公司净资产增值部分。

例如在2002年，华为公布的当年虚拟受限股执行价为每股净资产2.62元，2003年为2.74元，到2006年每股净资产达到3.94元，2008年该数字已经进一步提高为4.04元。员工的年收益率达到了25%～50%。

2008年，华为再次调整了虚拟股制度，实行饱和配股制，即规定员工的配股上限，每个级别达到上限后，就不再参与新的配股，比如级别为13级的员工，持股上限为2万股，14级为5万股。这一规定也让手中持股数量巨大的华为老员工们配股受到了限制，给新员工的持股留下了空间。

2013年，为了解决外籍员工和基层员工的激励问题，华为推出了"时间单位计划"(Time Unit Plan)，每年根据员工岗位及级别、绩效等，给员工配置一定数量的期权，期权不需要员工购买，5年为一个结算周期。这个计划可以解决任正非多次批评的财富过度集中到部分人手中，从而导致基层员工无缘分享公司发展红利的问题。

正如华为轮值CEO郭平所说的那样："TUP计划本质上是一种特殊的资金，是基于员工历史贡献和未来发展前途来确定的一种长期但非永久的奖金分配权力。"

我们回顾了华为的事业合伙人计划，那么其事业合伙人平台是如何搭建的呢？任正非持股比例是多少呢？华为的股东有哪些？华为的法定代表人是谁？

案例2.6　任正非是如何玩转华为事业合伙人的？

截止到2015年12月，华为全球员工约17万人，而其中持股成为事业合伙人的员工约有8万人，由工会委员会作为持股平台统一管理。华为在工会持股平台上选出51个员工代表，并在此基础上推选出华为投资控股有限公司(注：华为技术公司的控股母公司)的董事会成员，共计17人，如图2.9所示。

2003年3月，成立华为投资控股有限公司，法定代表人和董事长为孙亚芳女士，注册资金为1 358 278.7392万元人民币。笔者查阅了广东省工商局登记资料，显示华为投资控股有限公司由两名股东构成，分别是工会委员会和任正非个人，如表2.12所示(更新至2015年12月29日)。

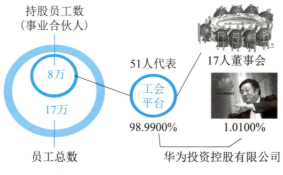

图2.9　华为事业合伙人的持股平台

表2.12 华为投资控股有限公司的股东构成

股东(投资人)	投资人类型	注册资金/万元	出资比例
华为投资控股有限公司工会委员会	社会团体法人	1 344 560.1232	98.9900%
任正非	自然人	13 718.616	1.0100%

这种股权架构是不是与合伙企业(基金)有些相似？任正非为GP，是公司的实际控制人；而工会委员会为LP，为持股及事业合伙人的平台。这就能够解释为何任正非持股仅为1.01%，却能控制公司。

而大名鼎鼎的华为技术有限公司(法定代表人是孙亚芳)，就是由华为投资控股有限公司100%控股的子公司，是单一法人独资企业。我们可以得出一个结论：华为技术有限公司完全是由任正非个人控制的公司。

大家试想下，为何华为技术有限公司不上市？在吴建国所著的《华为的世界》这本书中，描述了这样一个细节：华为在2001年就成立了上市筹备小组，任正非确定了"先私募引入战略投资者，再整体上市"的总体思路。在股权出权出让问题上，任正非开出的条件是：华为总共出让不超过30%的股份，同时引进5家战略投资者，并且每家不超过5%的股份。谈判最后当然是无果而终了。

除了华为经营性现金流充沛，即不缺钱外，最重要的原因是它的股权架构和单一股东，我们知道有限公司股改成股份公司至少需要2个股东。另外，上市后公司的许多信息要公开化与透明化，例如财务、工会持股平台信息等。

第三节 生态链合伙人(供应商、客户、投资人等)

案例2.7 美道家的生态链合伙人模式

2015年9月，美道家(中国互联网+上门美容模式的先驱)进行了外部合伙人的现场选拔。首次开放100个城市合伙人名额，一个城市竞选一个合伙人，成功者就能掌握美道家当地城市的运营权，坐拥当地所有客户资源。

那么，美道家是如何与外部合伙人合作的呢？

1. 成立省级直营公司，美道家控股51%，省级公司合伙人最多占股49%。
2. 省级公司合伙人必须多倍溢价出资，即美道家1元/股，而外部合伙人则需要大于1元/股出资。让我们一起感受一下美道家的外部合伙人的现场氛围，如图2.10所示。

图2.10　美道家外部合伙人现场签约大会

在这次外部合伙人"占山为王"大会上，美道家"圈地运动"再次升级，现场引发众多企业家的追捧。第二次会议当天，二十几个省级最大合作股东(49%以内)全部确定，美道家当天实现吸资上亿元。

美道家就是通过外部合伙人的方式来完成快速扩张的典范。2016年3月，万科北方区域CEO毛大庆离职，创办优客工场。他说："虽然不再于万科内部担任管理职务，但我与万科的情谊将永远不会割舍。接下来，我将继续以万科外部合伙人的身份，为营建万科新的生态系统贡献自己的一份力量。"这是万科历史上首位外部合伙人。海尔CEO张瑞敏提到外部合伙人的价值时，曾说过"世界是我的研发部"，强调"人才不为我所有，但为我所用"的观点。

这就是乔伊法则所说的：最聪明的人永远在企业外部。

要说明的一点是：本书所说的股东合伙人与事业合伙人主要是指企业的内部合伙人；生态链合伙人主要指外部合伙人，例如企业的供应商、经销商、客户、投资人、离职员工及拥有一定资源的提供者。那么生态链合伙人有什么特点、在实务中应注意什么呢？

一、生态链合伙人操作便利性

用股权来进行产业上下游的收购与整合，其实总有些经销商不愿意被别人整合，但是自身又达不到整合别人的规模。例如白酒行业掀起的经销商联盟抱团模式，但这种组织仍然是松散的。如果引入合伙人制度，做好前期评估并制定好游戏规则，那么这种联盟对于中小渠道商的资源整合才有价值。

例如，著名的泸州老窖外部合伙人制度，将上游品牌资源、下游渠道商资源、供应链资源以及营销团队整合成一个有机整体，成立与每个个体都相关的合伙人平台公司，从而打通了整个产业链资源，共同铸就一个生态型的平台企业，改变原来上游只想压货、压利润，下游渠道商只想要政策支持的博弈局面。如今，上下游以及营销团队都是利益共同体，自然而然地减少了上下游的博弈。

不但如此，有了共同的价值目标，合伙人制度整合上下游资源之后也解决了上下游距离远、机制对市场反应慢、库存周期长而抛货乱价等酒业顽疾。

二、生态链合伙人注意事项

在实操过程中，生态链合伙人也有潜在的风险，最好以合伙企业的形式存在，尽量避免直接给注册股份的方式。假如供应商成为股东合伙人后，按照公司法的规定它有查看企业财务报表的权利，于是企业产品定价和策略、利润的空间、采购的底线等都会暴露无遗。除了这些以外，笔者认为外部合伙人制度的落地还应该聚焦如下的问题。

1. 外部合伙人的经销商和非外部合伙人的经销商之间客观存在责权利的区别，如何平衡这两者的利益，很可能影响经销商的积极性。

2. 外部合伙人进货成本低，出于对短期利益的考虑可能不会进行市场推广，反而直接低价销货，这是否会对公司产品市场价格体系形成干扰？

3. 外部合伙人模式大大调动了经销商和销售人员的积极性，但从另外角度讲，是否会带来经销商盲目扩张的冲动？

案例2.8　某地板企业的经销商合伙人方案

A公司是地板业的一匹黑马，2013年销售收入8700万元，2014年1.45亿元，

2015年高达5亿元,同年准备IPO上市。A公司是如何取得这样骄人的业绩的呢?

原来A公司的奥秘在于把经销商发展成生态链合伙人!经销商每卖出一块地板,除了能赚一笔差价外,还能赚到A公司的原始股。2013年1月,A公司制定的销售目标是2年后销售额达到6亿元,利润率为15%,经测算全国经销商150家。

A公司拿出不超过10%的股份,并且把股份比例与经销商的销售额挂钩,如表2.13所示;同时注册2家有限合伙企业作为经销商的持股平台,奖励前100名的经销商,即前100名才有资格获得A公司的期股,后50名的经销商仅享受销售返点。这是笔者实际操作的经销商(供应链)合伙人的案例,经A公司董事长同意,笔者复盘如下。

一、销售额与股权比例的关系

表2.13 经销商销售额与股权比例的关系

2年销售额累计	2.5亿以下	2.5亿(含)~4亿	4亿(含)~6亿	6亿(含)以上
前100名经销商获得股权比例的上限	0	6%	8%	10%
前100名经销商实际获得的股权比例合计	0	全体经销商实际总销售额÷6亿×6%	全体经销商实际总销售额÷6亿×8%	10%

A公司2年后实际完成5亿元销售额,比2014年增长了245%,其中甲经销商销售额达到1000万元,排名第50名,按照规则该经销商享受A公司的期股计划。

计算公式为:甲经销商获得股权比例=(甲经销商的实际销售额÷全体经销商实际销售额)×前100名经销商实际获得的股权比例合计=(1000万÷5亿)×(5亿÷6亿×8%)=0.1333%。

二、2年后A公司估值预测(PE=30倍,净利润率=15%)

8%股权估值=5亿元×15%×8%×30倍=1.8亿元;

甲经销商获利估值=1.8亿×0.1333%=23.9万元(税前)。

三、自2016年起,A公司每年核算前100名经销商的期股比例(注:以前是2年累计一次);当经销商累计的期股比例超过10%时,A公司通过增资扩股的方式解决。

这种把经销商发展为外部(生态链)合伙人的好处是:

1. 无资金投入:不需经销商投入资本金,通过销售额来获得期股比例,在本案例中是前100名的经销商;

2. 做大增量:所有经销商做大股权激励的蛋糕,总销售额完成比例越高,获

得的期股比例越高;

3. 多劳多得:单个经销商做大自己在所有经销商中的份额,获得的期股比例越高,这能提升所有经销商的积极性。

2016年为了降低经销商风险、保证经销商利益最大化、促成经销商的签约,A公司承诺将在2019年前上市成功(注:2014年底提交IPO资料,2017年IPO排队)。作为上市前的过渡期,A公司也承诺自2015年起,每年拿出净利润的30%作为经销商的分红。

那么2015年甲经销商的分红=5亿×15%×30%×0.1333%=2.99万。假如2016年A公司完成销售额10亿元,甲经销商经过努力占股比例达到0.2%,其他条件不变。届时甲经销商的分红=10亿×15%×30%×0.2%=9万。

在本案例中,笔者认为A公司还可以考虑如下的问题。

1. 除了销售返点外,如何激励后50家经销商?是否可以考虑对所有的经销商合伙人进行股权激励?如果全员激励的话,A公司需再注册第3家有限合伙企业(人数上限为50人)。笔者建议A公司不应该给业绩排名靠后,或每年销货量在1万元以下的经销商以期股,这不符合2/8理论,即20%的经销商贡献了80%的利润,何况在本案例中激励对象的比例高达67%。两种方案相比,笔者支持对前100名经销商期股的激励方案。

2. 在本案例中是以销售额为激励基数,是否可以考虑以销售额的增量为基数?例如2015年销售额为5亿元,假如2016年销售额为8亿元,则增量为3亿元。增量的设置有利于预防经销商躺在功劳簿上睡大觉。

假如A公司2015年销售额为5亿元,2013年和2014年两年销售额累计2.35亿元,增量为2.65亿元。A公司仍然对前100名经销商进行外部合伙人股权激励,如表2.14所示。

表2.14 经销商增量达成与股权比例的关系

2年增量累计	5000万以下	5000万(含)~1亿	1亿(含)~2亿	2亿(含)~3亿	3亿(含)以上
前100名经销商获得股权比例的上限	3%	5%	7%	8%	10%
前100名经销商实际获得的股权比例	全体经销商总增量÷3亿×3%	全体经销商总增量÷3亿×5%	全体经销商总增量÷3亿×7%	全体经销商总增量÷3亿×8%	10%

A公司增量为2.65亿,根据上表的规定股权比例上限为8%,假设甲经销商销售增量为1000万,排名第30名,享受A公司的期股计划。

计算公式为:甲经销商获得股权比例=(甲经销商的实际销售增量÷全体经销商实际销售增量)×前100名经销商实际获得的股权比例合计=(1000万÷2.65亿)×(2.65亿÷3亿×8%)=0.267%。

那么2015年甲经销商的分红=2.65亿×15%×30%×0.267%=3.18万(税前)。

第三章

合伙人平台的打造
——平台为王，资源整合

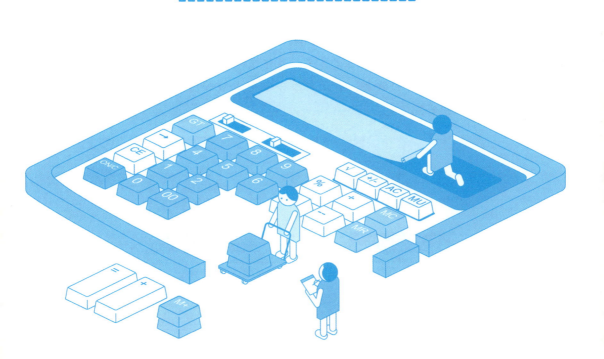

案例3.1 讲师合伙人是应采取公司制还是合伙企业制？

最近笔者的朋友(以下简称甲)建了一个讲师的互联网平台，影响力与效益都不错，陆续有优秀的讲师打算加盟其平台。甲的想法如下：

1. 一期加盟10个讲师，每个讲师现金投入2万元，共计20万；
2. 每位老师占2%的实股(注册股)股份，共出让20%股份；
3. 股权架构为：甲70%，讲师团队20%，朋友的联合创始人(以下简称乙)10%。

为了慎重起见，甲征求了笔者的意见。笔者不建议讲师合伙人平台采取公司制的形式，即以注册股方式进入公司。笔者分析如下：

1. 注册股会涉及工商登记，财务信息公开，退出更是麻烦；
2. 股东较多，会造成决策效率低下；
3. 讲师一般来说不大会参与公司的日常管理，更多关注利润的分享，即分红。

甲听完笔者的意见后感到一阵后怕，急着问笔者有什么好的解决办法？对此，笔者建议采取有限合伙企业的方式，具体操作如下。

1. 参照基金公司的做法，成立有限合伙企业A(如图3.1所示)，甲出资2万元，20名讲师出资20万元；

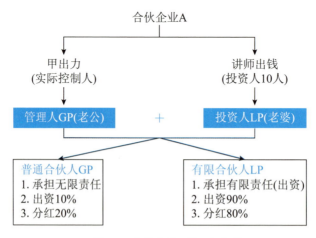

图3.1 合伙企业A的股权架构

2. 甲为普通合伙人(GP)，承担有限合伙企业的无限责任，享有20%的分红权；而讲师团队为有限合伙人(LP)，承担有限责任，享有80%的分红权；

3. 以有限合伙企业A为持股平台投入甲的公司，占股20%；

4. 甲采取有限合伙企业的方式，方便讲师的进出，又能避免工商的频繁变更。

目前甲公司的股权架构如图3.2所示。

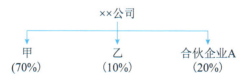

图3.2　甲公司的股权架构

这样一来，甲公司就可以规避成立有限公司的弊端，而讲师团队也可以享受相应的分红，大家共赢。这种股权架构也有利于吸引有意向的投资人，因为公司为以后若干轮融资留足了操作的空间，比如第一大股东甲在A轮最高可以让渡20%的股份(注：保留相对控股)；B轮最高可以由51%稀释到34%(注：保留一票否决权)。

我们知道企业的合伙平台主要可分成三种类型，即公司制、合伙企业和自然人。案例3.1涉及前面两种类型，可以统称为法人股东，包括有限公司和股份有限公司；自然人股东在企业的股东结构中也比较常见。

本书重点说明公司制与合伙企业作为持股平台的不同之处。从法律层面上看，前者适用的是《公司法》(2006年1月1日施行，2014年3月1日修订)，后者适用的是《合伙企业法》(1997年8月1日施行，2007年6月1日修订)。两者的具体区别，详见表3.1。

表3.1　公司制与合伙企业的区别

内容序号	公司制	合伙企业
1	具有独立的法人资格，领取企业法人营业执照	不具有独立的法人资格，领取合伙企业营业执照
2	以其全部财产独立为公司债务承担清偿责任，股东原则上不承担公司债务	不能独立对其所负债务承担责任，全体合伙人以其各自财产对企业债务承担无限连带责任
3	公司全部财产属于公司所有，投资者因向公司投资而丧失对出资财产的所有权	合伙企业的财产属于合伙人共有，由全体合伙人共同管理和使用

(续表)

内容序号	公司制	合伙企业
4	公司治理机构包括股东会(遵循一股一票与资本多数决议原则)、董事会(遵循一人一票与人头多数决议原则)和监事会等分权制衡的公司机构	合伙企业的合伙人对执行合伙事务享有同等权利，按照合伙协议的约定或经全体合伙人决定，可以委托一个或数个合伙人对外代表合伙企业，执行合伙事务
5	公司股东会做出决策、决定重大事项遵循一股一票与资本多数决议原则	合伙协议未明确约定或者约定不明，实行合伙人一人一票并经全体合伙人过半数通过的表决办法
6	公司股东不得退股，可以转让	合伙人可依法定条件和程序退股
7	公司设立的基础——公司章程，其修改或者补充作为股东会的特别决议事项，须经出席股东大会的股东所持表决权的2/3以上通过	合伙企业之合伙协议的修改或补充，除非合伙协议另有约定外，应当经全体合伙人一致同意
8	公司采取双层征税原则，即对公司和股东分别征税，不仅公司要缴所得税，股东取得分红后仍要缴纳个人所得税	合伙企业不是独立的纳税主体，仅对合伙人从合伙企业取得的投资回报征收个人所得税。可见，合伙企业可以为投资者节约纳税
9	企业经营的透明度较大	企业经营的透明度较小
10	资金、效益、规模和竞争力大	资金、效益、规模和竞争力小

第一节 合伙企业

案例3.2 万科与宝能股权之争

2015年下半年，我国的资本市场发生了万人瞩目的"万宝之争"，即宝能系在二级市场通过举牌方式增持万科的股票而成为第一大股东。在这场资本大戏中，宝能系于2015年11月11日成立浙宝合伙企业，通过私募基金方式运营，募集资金超过200亿元，为其在二级市场上收购万科提供强大的弹药。浙宝合伙企业的股权结构如图3.3所示。

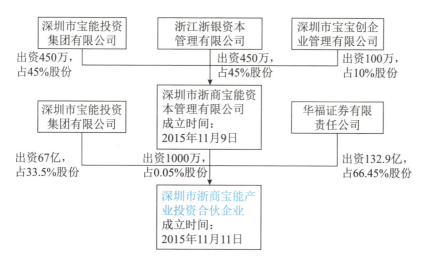

图3.3 浙宝合伙企业的股权结构

按照合伙企业运作的思路,深圳市浙商宝能资本管理有限公司为普通合伙人GP,是基金的实际控制人;而深圳市宝能投资集团有限公司和华福证券有限责任公司为有限合伙LP,是基金的实际出资人。笔者查询了其工商登记资料,如图3.4所示。

图3.4 深圳市浙商宝能产业投资合伙企业工商登记资料

于是,浙宝基金通过宝能系的钜盛华公司和前海人寿公司持续举牌万科,持股比例高达24.29%，成为万科的第一大股东。其资金来源如图3.5所示。

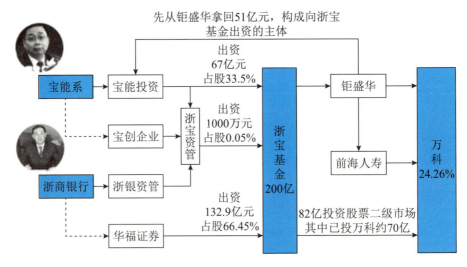

图3.5　举牌万科的资金来源

据不完全统计，钜盛华以19亿自有资金操作了高达520亿元的资金量，杠杆高达26倍，资本运作达到出神入化的地步！

2016年6月27日，宝能系对万科的事业合伙人提出了质疑，宝能系认为："万科事业合伙人制度作为万科管理层核心管理制度，不受万科正常管理体系控制，而是在公司正常的管理体系之外另建管理体系，万科已实质成为内部人控制企业。"合伙人制度又一次站在闪光灯下，这是什么样的制度安排，为何引起大股东如此不安呢？

我们先从万科的股权架构说起，如图3.6所示(截至2016年7月1日)。

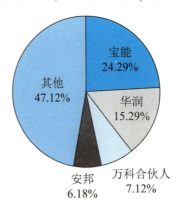

图3.6　万科的股权架构

为了应对"野蛮人"的恶意收购，万科于2014年4月23日召开事业合伙人创始大会，共1320名万科员工(包含在万科任职的全部8名董事、监事和高级管理人员)加入该事业合伙人计划，并同时签署《授权委托与承诺书》将其在经营利润所产生的全部权益委托给盈安合伙的普通合伙人进行投资管理，包括引入融资杠杆进行投资。

万科对盈安合伙资金进行委托管理成立了金鹏1号资管计划和德赢1号资管计划，这两个基金管理人分别是国信证券和招商财富，其目的是执行万科事业合伙人制度，投资万科A股，在两年多时间持股比例就达到7.12%。

假以时日，管理层实质控制下的万科，只要在上市公司层面持续少分红，以维持万科的低股价，在事业合伙人层面多分红、多拿高薪，以达到增加万科管理层增持上市公司的筹码之目的——在2020年前后，"万科合伙人"增持万科股份到20%以上的份额，成为第一大股东，这是不是经典的管理层收购？这是不是内部人控制？管理层会不会涉嫌内幕交易？

2016年6月17日，华润反对深圳地铁引入，本质的理由是担心股权被稀释。假如万科成功引入深圳地铁，各方股权会有一定程度的稀释，笔者模拟一下万科的股权架构图，如图3.7所示。

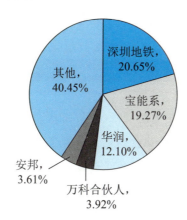

图3.7　深圳地铁引入后的股权架构模拟

2016年8月4日，恒大在二级市场投入91.1亿元购进万科4.86%的股份。截止至2017年1月13日，恒大通过"买买买"而成为万科的第三大股东(占股为14.7%)。

2017年1月12日，万科发布公告，称第二大股东华润集团将所持15.31%的万科股权全数转让予早前入主万科失败的深圳地铁集团，作价371.7亿元，彻底退出股权之争。至此，万科的股权架构如图3.8所示。

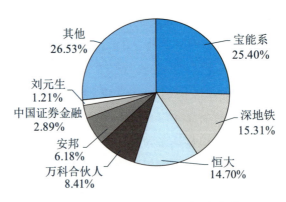

图3.8 华润退出后的万科股权架构

其中,万科合伙人持股的8.41%包括万科管理层持股4.14%、万科资管计划持股3.66%、万科工会持股0.61%。而刘元生是万科最大的个人股东,持股比例为1.21%。

2017年6月9日,恒大作价292亿元,将所持14.07%的万科A股全数转让给深圳地铁集团,后者持股比例达29.38%,为万科第一大股东。

2017年6月30日,万科新一届董事会诞生,除了4名独立董事以外,万科管理层、深圳地铁分别占3席,赛格集团的孙盛典占1席。宝能系作为万科第二大股东,未提名董事会成员,至此万宝之争终于落下帷幕。

案例3.3　马云通过合伙企业控制蚂蚁金服

浙江蚂蚁小微金融服务集团有限公司(简称"蚂蚁金服")成立于2014年10月,依托于阿里巴巴构建的商业生态圈,培育了世界最大的第三方在线支付公司和移动支付公司,并在此基础上搭建了开放的信息撮合平台、技术平台和数据平台。目前,蚂蚁金服旗下拥有支付宝、余额宝、招财宝、蚂蚁聚宝、网商银行、蚂蚁花呗、芝麻信用、蚂蚁金融云等子业务板块,其中支付宝是最核心的资产。

经过2年的快速发展,目前蚂蚁金服成为一家拥有全业务全牌照的金融公司,其产业板块布局如图3.9所示。

2016年4月26日,蚂蚁金服宣布公司已完成B轮融资,融资额为45亿美元,投资方包括全国社保理事会、中国人寿、新华人寿、国开金融等。蚂蚁金服估值高达600亿美元。作为我国估值第一的独角兽,其股权架构中频繁出现合伙企业的身影,截止到2016年10月1日,蚂蚁金服股权架构如图3.10所示。

图3.9 蚂蚁金服产业板块布局

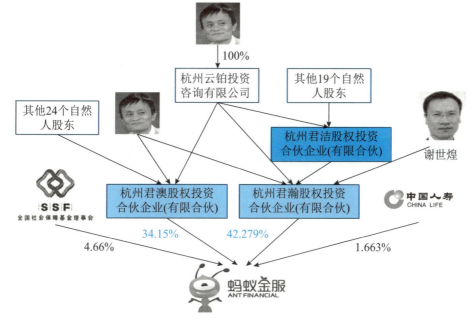

图3.10 蚂蚁金服股权架构

工商资料显示，杭州君澳股权投资合伙企业成立于2012年12月，其有限合伙人(LP)包括陆兆禧、张勇、彭蕾、金建杭、曾鸣、王帅、张建锋、王坚等24位阿里高管，其普通合伙人(GP)是一家名为杭州云铂投资咨询有限公司的企业，注册资本1010万元，由马云独资持有，工商登记资料信息如图3.11所示。

全国企业信用信息公示系统（浙江）

统一社会信用代码/注册号	913301105995960222	名称	杭州云铂投资咨询有限公司
类型	一人有限责任公司（自然人独资）	法定代表人	马云
注册资本	1010 万元人民币	成立日期	2012年10月22日
住所	杭州余杭区文一西路1500号1幢123室		
营业期限自	2012年10月22日	营业期限至	2032年10月21日
经营范围	一般经营项目：服务：投资咨询及经济信息咨询（除证券、期货），企业管理。		
登记机关	杭州市余杭区工商行政管理局	核准日期	2016年01月07日
登记状态	存续		

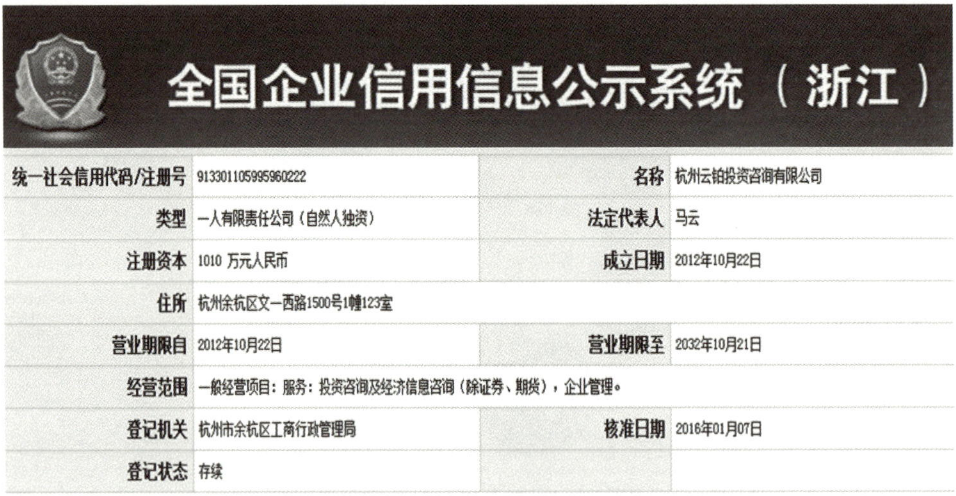

图3.11　马云独资的杭州云铂投资咨询有限公司

杭州君瀚股权投资合伙企业成立于2014年1月，其有限合伙人(LP)为马云和谢世煌。而其普通合伙人(GP)与杭州君澳一样，是马云独资持有的杭州云铂投资咨询有限公司。我们通过工商登记查询，得知杭州君瀚股权投资合伙企业股权结构见表3.2所示。

表3.2　杭州君瀚股权投资合伙企业股权结构

股东名称	投资金额/万元	占股比例
杭州云铂投资咨询有限公司(GP)	500	0.54%
杭州君洁股权投资合伙企业(有限合伙)	89 241.8	96.75%
马云	2000	2.17%
谢世煌	500	0.54%
总计	92 241.8	100%

透过这错综复杂的股权图谱，我们可以清晰地看到，马云共出资3010万元(即杭州云铂投资咨询有限公司1010万元+杭州君瀚股权投资合伙企业2000万元)控制了估值超过600亿美元的蚂蚁金服，如图3.12所示。

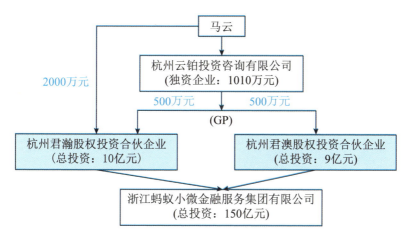

图3.12 马云控制蚂蚁金服

虽然马云出资仅3010万,只占蚂蚁金服总股本的2‰,但他的收益并不会因此减少。马云作为君瀚的有限合伙人,可以分享有限合伙人的投资收益。同时他控制的杭州云铂投资咨询有限公司作为两个有限合伙企业的普通合伙人享有管理分成,《合伙企业法》规定,允许普通合伙人和有限合伙人自主约定分成比例,按行业惯例普通合伙人可以分到投资收益的20%。

案例3.4 张玉良10万元出资控制188亿元的绿地集团

绿地集团创立于1992年7月,是中国企业500强及A股整体上市公司(600606.SH)。根据克而瑞研究中心的数据显示,2016年绿地集团实现合同销售收入2513亿元。

2014年1月,平安创新资本、鼎晖嘉熙、宁波汇盛聚智、珠海普罗、国投协力5家财务投资人斥资近120亿元入股绿地集团,持股约20%,开启了绿地混合所有制改革的大门。

同时,以绿地集团董事长张玉良先生为首的管理层43人,出资10万元设立格林兰投资管理公司(简称"大合伙"),作为上海格林兰壹投资管理中心(有限合伙)、上海格林兰叁拾贰投资管理中心(有限合伙)及上海格林兰投资(有限合伙)的GP。

由于持股员工多达982名,在现行法律框架下合伙企业合伙人不能超过50人,于是张玉良团队把982名员工的持股权益打成32包,成立了32个"小合伙"。至此,绿地员工持股会被成功置换成LP,为员工退出进行了布局。最后,"小合伙"再集中嵌套成立上海格林兰投资(有限合伙),如图3.13所示。

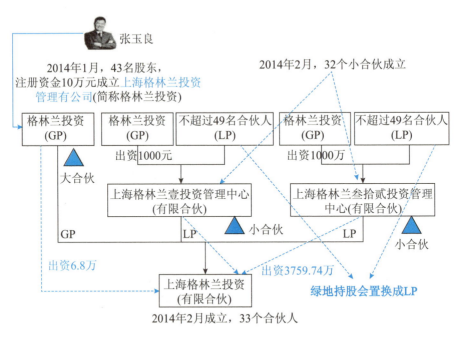

图3.13 绿地集团的混合所有制改革

因此,张玉良团队出资3.2万元控制3759.74万元的员工持股会,出资6.8万元控制上海格林兰投资(有限合伙)。

2014年3月17日,绿地集团655亿借壳金丰投资上市。其股权结构如图3.14所示。

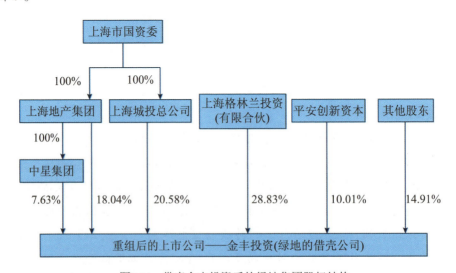

图3.14 借壳金丰投资后的绿地集团股权结构

从股权结构来看，上海格林兰投资(有限合伙)为第一大股东，持股比例为28.83%。

而上海市国资委合计持股比例未到50%，且作为财务投资人不参与企业的日常经营管理，不能对上市公司形成控制。

于是，张玉良通过合伙企业的层层嵌套方式，以区区10万元的出资控制了188亿元的绿地集团！

通过笔者对合伙企业知识的普及及一些案例的具体运用，相信大家领略到了合伙企业的魅力。但在现实社会中，有一些合伙企业因非法集资被曝光，特别是P2P网贷理财如"中晋系"和e租宝的跑路。那么，合伙企业与合伙人、非法集资的区别有哪些呢？

一、合伙企业与合伙人的区别

合伙人是企业的一种治理制度，是企业管理的一种手段。而合伙企业是一种法律概念，相对于公司制企业而言，是一种企业的组织形式，也是项目跟投制和基金运营普遍采用的一种组织工具。

二、合伙企业与非法集资的区别

1. 前者人数在50人以内，否则为非法集资；
2. 前者不能承诺固定投资回报；
3. 前者作为投资或持股平台，后者主要用于放贷。

案例3.5　有限合伙企业协议

第1条　依据《中华人民共和国合伙企业法》(以下简称《合伙企业法》)及有关法律、法规的规定，由_____等_____方共同出资，设立有限合伙企业(以下简称企业)，特制定本协议。

第2条　本企业名称及地址：

第3条　合伙宗旨：

第4条 合伙经营项目和范围：

第5条 合伙期限：

合伙期限为_____年，自_____年_____月_____日起，至_____年_____月_____日至。

第6条 合伙人出资额、出资方式及合伙人性质

1. 合伙人(公司名称/个人姓名)_____，以_____方式出资，计人民币_____元，合伙人性质为_____(普通合伙人还是有限合伙人)；

2. 合伙人(公司名称/个人姓名)_____，以_____方式出资，计人民币_____元，合伙人性质为_____(普通合伙人还是有限合伙人)。

3. 同上。

第7条 本合伙出资共计人民币_____元。合伙期间各合伙人的出资为共同共有财产，合伙人不得随意请求分割，也不得将其在有限合伙企业中的财产份额出质。合伙关系终止后，各合伙人的出资仍为个人所有，至时予以返还。

第8条 各合伙人的出资，于_____年_____月_____日以前交齐，逾期不交或未交齐的，应对应交未交金额计付银行利息并赔偿由此给其他合伙人造成的损失。

第9条 盈余分配，按照合伙协议的约定办理；合伙协议未约定或者约定不明确的，由合伙人协商决定；协商不成的，由合伙人按照实缴出资比例分配。

第10条 债务承担：合伙债务应先以合伙财产偿还，合伙财产不足清偿时，由普通合伙人承担无限连带责任，但对基于其他合伙人(包括有限合伙人)的故意或重大过失形成的债务，普通合伙人承担无限连带责任后，可以向有故意或重大过失责任的合伙人进行追偿。有限合伙人以其认缴的出资额为限对合伙企业债务承担责任。

第11条 入伙规定：

1. 新合伙人入伙，除合伙协议另有约定外，应当经全体合伙人一致同意，并依法订立书面入伙协议；

2. 入伙的新合伙人与原合伙人享有同等权利，承担同等责任；

3. 入伙的新合伙人对入伙前有限合伙企业的债务，以其认缴的出资额为限承担责任。

第12条 退伙规定：

1. 需有正当理由方可退伙；

2. 退伙需提前_____日告知其他合伙人并经全体合伙人同意；

3. 退伙后按照退伙时的合伙企业财产状况进行结算，退还退伙人的财产份额。退伙人对给合伙企业造成的损失负有赔偿责任的，相应扣减其应当赔偿的数额；

4. 退伙人在合伙企业中财产份额的退还办法，由合伙协议约定或者由全体合伙人决定，可以退还货币，也可以退还实物；

5. 未经合伙人同意而自行退伙给合伙企业造成损失的，应当进行赔偿；

6. 有限合伙人退伙后，对基于其退伙前的原因发生的有限合伙企业债务，以其退伙时从有限合伙企业中取回的财产承担责任；

7. 合伙人退伙时，合伙企业财产少于合伙企业债务的，退伙人应当依照合伙协议规定分担亏损。

第13条 出资的转让：

有限合伙人可以按照合伙协议的约定转让其在有限合伙企业中的财产份额，但应当提前_____日通知其他合伙人。转让时其他合伙人有优先受让权，如转让合伙人以外的第三人，第三人按入伙对待，否则以退伙对待转让人。

第14条 有限合伙企业由普通合伙人执行合伙事务。其中，_____为执行事务合伙人，其权限是：①对外开展业务，订立合同；②对合伙事务进行日常管理。

第15条 有限合伙人不执行合伙事务，不得对外代表有限合伙企业。其权限是：①对企业的经营管理提出建议；②听取合伙负责人开展业务情况的报告；③查阅有限合伙企业的财务会计账簿等财务资料。

第16条 有限合伙企业因以下事由之一而终止：①合伙期限届满；②合伙协议约定的解散事由出现；③全体合伙人同意终止合伙关系；④合伙协议约定的合伙目的已经实现或者无法实现；④合伙事业违反法律规定被撤销；⑤法律、行政法规规定的其他原因。

第17条 合伙终止后的事项：①即行推举清算人，并邀请_____中间人(或公证员)参与清算；②清算后如有盈余，则按收取债权、清偿债务、返还出资、按比例分配剩余财产的顺序进行。固定资产和不可分割物，可作价卖给合伙人或第三人，其价款参与分配；③清算后如有亏损，先以合伙企业共同财产偿还，合伙财产不足清偿的部分，由合伙人按出资比例承担。

第18条 合伙人之间如发生纠纷，应共同协商，本着有利于合伙事业发展的原则予以解决。如协商不成，可以诉诸法院。

第19条 本协议未尽事宜按合伙协议执行，或由全体合伙人一致同意进行修订、补充。

第20条 本协议如与国家法律法规相抵触的，按国家法律法规执行。

第二节 公司制

案例3.6 公司制下的股东结构多样性

A公司投资一个互联网+农业的项目，经讨论成立项目公司来运作，项目公司股东结构及分红如下：

1. 成立有限公司B。股东由三方构成，甲和乙为个人股东、丙为有限合伙企业(管理团队组成的持股平台)；持股比例分别是58%、17%和25%；

2. 乙虽然在工商登记注册，但未出资。丁是实际出资人，他的股份由乙代持；

3. 丙为管理层的持股平台，以现金投入占25%股份，分红为30%；

4. 戊身份比较特殊，属农业局公务人员，项目结束后给戊10%的分红；

5. 经测算B公司项目持续经营时间为6年，为调动核心骨干的工作积极性，约定激励对象可以享受10%的分红权。

在案例3.6中，甲和乙为注册股东，其中乙是丁的"影子"股东。管理团队出钱，但不以个人名义出现在工商登记记录上，而是"持股平台"。戊没出钱，但享有10%的分红，就是我们通常说的"干股"。

我们知道在合伙企业中，不可能出现所谓的虚拟股权、股票期权、期股等概念，大多以出资而成为投资人或合伙人，享有相应的分红权。而我们经常听到的股权激励，包括虚拟股权等则是针对公司制而言的。

因此，笔者把公司制下的股权分成两大类型，如图3.15所示。

图3.15　股权的种类

一、实股(注册股)

实股(注册股)是指在公司章程中列明的并在工商管理部门注册的正式股东，是企业的所有者。实股股东的权利与义务受公司法的调整和保护。按照股东持股比例，可以做如下区分。

(一) 绝对控股

股份比例大于等于三分之二。可以修改公司章程、通过增加或者减少注册资本的决议，以及可以通过公司合并、分立、解散或者变更公司形式的决议。

(二) 相对控股

股份比例大于等于二分之一，称之为控股股东。可以合并子公司报表；另外股东大会普通决议(包括向其他企业投资、为他人提供担保等)，持股股份比例大于一半，即可通过。

(三) 一票否决

股份比例大于等于三分之一，它是与绝对控股相对应的。例如一个拥有公司股份超过三分之一的股东不同意，就不得修改公司的章程。

(四) 10%以上股份

召开临时股东大会、临时董事会，以及申请解散公司的权利。

(五) 1%股份

拥有代位诉讼权，即代替公司向侵犯公司权利的董事、高管或第三人提起诉讼。

二、虚股(虚拟股)

虚股(虚拟股)是指不需要投钱而享受一定的分红或净资产的增值部分。我们通常提到的干股是虚拟股的一种类型，被广泛应用于研发技术人员的激励上。在案例3.6中，个人戊持有的股份就是典型的虚拟股；核心骨干享受10%的分红也是虚拟股。它与实股的区别在于：虚拟股没有所有权和表决权，不能转让和出售，也无须工商登记。虚拟股的具体操作方案，详见案例3.7。

案例3.7 员工虚拟股激励方案

甲方：×××公司全体股东

地址：

法定代表人： 联系电话：

乙方：××× 身份证号：

地址： 联系电话：

乙方系甲方员工。鉴于乙方以往对甲方的贡献和为了激励乙方更好地工作，也为了使甲、乙双方进一步提高经济效益，经双方友好协商，双方同意甲方以虚拟股的方式对乙方的工作进行奖励和激励。为明确双方的权利义务，特订立以下协议。

一、定义

除非本协议条款或上下文另有所指，下列用语含义如下：

1. 股东：指出资成立×××公司的自然人或法人，股东享有股权。

2. 股权：指×××公司在工商部门登记的注册资本金，总额为人民币×××万元，一定比例的股权对应相应金额的注册资本金。

3. 虚拟股：指×××公司对内名义上的股权，虚拟股的拥有者不是指甲方在工商注册登记的实际股东，虚拟股的拥有者仅享有参与公司年终净利润的分配权,而无所有权和其他权利。此外虚拟股对内、对外均不得转让,不得继承。

4. 分红:指×××公司按照《中华人民共和国公司法》及公司章程的规定可分配的税后净利润总额,各股东按所持股权比例进行分配所得的红利。

二、协议的内容

根据乙方的工作表现,甲方经过全体股东一致同意,决定授予乙方×%或×万元的虚拟股,每股为人民币壹元整。

1. 乙方取得的×%的虚拟股,不会变更甲方公司章程,不记载在甲方公司的股东名册,不做工商变更登记。乙方不得以此虚拟股对外作为拥有甲方资产的依据。

2. 每年度会计结算终结后,甲方按照公司法和公司章程的规定计算出上一年度公司可分配的税后净利润总额。

3. 乙方可得分红为乙方的虚拟股比例乘以可分配的净利润总额的30%。

三、协议的履行

1. 甲方应在每年的×月份进行上一年度会计结算,得出上一年度税后净利润总额,并将此结果及时通知乙方。

2. 乙方在每年度的×月份享受分红。甲方应在确定乙方可得分红后的7个工作日内,将可得分红的50%支付给乙方。

3. 乙方的可得分红应当以现金形式支付,除非乙方同意,甲方不得以其他形式支付。

4. 乙方可得分红的其他部分暂存甲方账户并按同期银行利息的1.5倍计,按照下列规定支付或处理:

(1) 乙方劳动合同期满时,甲、乙双方均同意不再继续签订劳动合同的,乙方未提取的可得分红在合同期满后的2年内,由甲方按每年1/2的比例支付给乙方;

(2) 乙方提前终止与甲方签订的劳动合同或乙方劳动合同期满时,甲方要求续约而乙方不同意的,乙方未提取的可得分红的3/4比例由甲方在合同期满后的2年内支付;其中的1/4比例归属甲方;

(3) 如乙方违反《劳动合同》39条而被解职的,乙方未提取的可得分红归属甲方,乙方无权再提取。

四、协议期限以及与劳动合同的关系

1. 乙方在本协议期限内可享受此×%的虚拟股的分红权。

本协议期限为___年,于___年___月___日开始,并于___年___月___日届满。

2. 协议期限的续展

本协议于乙方劳动合同到期日自动终止，除非双方在到期日之前续签延展乙方的劳动合同期限。

3. 本协议与甲乙双方签订的劳动合同相互独立，但劳动合同的终止与解除意味着本协议的终止。

4. 乙方在获得甲方授予的虚拟股的同时，仍可根据甲乙双方签订的劳动合同享受甲方给予的其他待遇。

五、协议的权利义务

1. 甲方应当如实计算年度税后净利润，乙方对此享有知情权。

2. 甲方应当及时、足额支付乙方可得分红。

3. 乙方对甲方负有忠实义务和勤勉义务，不得有任何损害公司利益和形象的行为。

4. 乙方对本协议的内容承担保密义务，不得向第三人泄露本协议中乙方所得虚拟股股数以及分红等情况，除非事先征得甲方的许可。

5. 若乙方离开甲方公司的，或者依据第六条变更、解除本协议的，乙方仍应遵守本条第3、4项约定。

六、协议的变更、解除和终止

1. 甲方可根据乙方的工作情况将授予乙方的×%虚拟股部分或者全部转化为实际股权，但双方应协商一致并另行签订股权转让协议。

2. 甲乙双方经协商一致同意的，可以书面形式变更协议内容。

3. 甲乙双方经协商一致同意的，可以书面形式解除本协议。

4. 乙方违反本协议义务，给甲方造成损害的，甲方有权书面通知乙方解除本协议。

5. 乙方有权随时通知甲方解除本协议。

6. 甲方公司解散、注销或者乙方死亡的，本协议自行终止。

七、违约的责任

1. 如甲方违反本协议约定，迟延支付或者拒绝支付乙方可得分红的，应按可得分红总额的×%向乙方承担违约责任。

2. 如乙方违反本协议约定，甲方有权视情况相应减少或者不予支付乙方可得分红，并有权解除本协议。给甲方造成损失的，乙方应当承担赔偿责任。

八、争议的解决

因履行本协议发生争议的,双方首先应当通过友好协商来解决。如协商不成,则将该争议提交甲方所在地人民法院裁决。

九、协议的生效

甲方全体股东一致同意是本协议的前提,《股东会决议》是本协议生效之必要附件。本协议一式两份,双方各持一份,自双方签字或盖章之日起生效。

甲方(盖章):××公司　　　　　　　　乙方(签字):××

全体股东(签字)

　日期:　　　　　　　　　　　　　　　日期:

在案例3.6中,如果实际出资人丁想转变成为公司B的实股股东,即注册股东,按照《公司法》司法解释第24条和25条的规定:需要公司其他注册股东过半数以上同意,才能成为公司的注册股东。在该案例中,只要股东甲同意即可。

案例3.8　乔致庸的银股和身股激励

中央电视台热播的《乔家大院》(图3.16)用了大量的篇幅讲述了"身股"激励操作手法。1889年,乔致庸在晋商中开了伙计顶"身股"的先例。

图3.16　电视连续剧《乔家大院》

乔致庸设计的身股制度,从1厘到10厘,共分为19个等级。大掌柜(总经理)一般可以顶1股(即10厘),也就是说伙计不是股东但享受分红权1%;以此类推,二掌柜、三掌柜(副总经理等)顶7~8厘;伙计1~4厘。

同时等级的晋升,完全由业绩或贡献的大小决定;如果业绩不佳,身股的数量会相应减少。其中掌柜的身股数量由东家(董事长或控股股东)决定;而伙计的身股数量则由东家和掌柜共同决定。

随着乔致庸生意越做越大,身股也越来越多。1889年刚改革时,银股为20股,身股9.7股;1908年时银股仍为20股,但身股增加至23.95股。

在分红时,乔致庸把身股与银股合二为一,即同股同权(注:同分红权,无投票权),按照股份数分红。例如1890年乔家票号盈利2.5万两白银,银股20股,身股7.9股,每股分红约896两白银(2.5万÷27.9)。银股和身股分红分别为1.79万两白银(2.5万×20÷27.9)和0.71万两白银(2.5万×7.9÷27.9)。

1908年乔家票号盈利74万两白银,此时银股20股和身股23.95股分得红利分别约为33.67万两白银和40.33万两白银。员工分红比例为54.5%(40.33÷74),即乔致庸把超过一半的利润分给了伙计(员工)。而乔东家的收益是10年前的18.81倍(33.67÷1.79),聪明的乔致庸才是最大的赢家。

笔者注意到一个细节,乔东家修改号规后,新任大掌柜马荀说过这样的话:"我今年28岁了,出徒10年了,按新号规能顶两厘的身份,到了账期那是几百两银子的红利呀,那谁还愿意走呢?我保证以后好好给您跑街,给复盛公多赚银子,争取早日把我的身股提上去,一厘身股就是一百多银子哟。我现在不仅是为您干,也是为我自己干。"

案例3.8中所指的"银股"就是实股(注册股);而"身股"就是虚股(虚拟股)。因此,身股与干股同属虚拟股,但两者也有区别,前者仅限于内部员工,岗在股就在,只对内不对外;而后者既可对内,也可对外。

笔者上课时,专门列举了乔致庸的"身股"激励模式。浙江某连锁企业的董事长听完笔者介绍后很感兴趣,马上在企业推行这个制度,其大致方案如下。

为了有效解决中层管理人员(店长)人才流动性和后续发展人才缺口,经股东会研究通过,决定对店长及以上的管理人员实行"身股"激励。具体条款如下。

1. 公司建立"身股"股票池，独立于公司的(实股)注册股之外，总量不得超过公司(实股)注册股股份总量的30%。

2. 一份"身股"与一份普通股股票相对应，享有与(实股)注册股等值的分红权和增值权，但是不享有选举权、参与经营权等其他权利。另外，公司设立专门的登记机构负责对"身股"进行登记、统计和管理，不在工商登记资料中体现。

3. 股权激励对象为在公司工作满三年且考评均合格的店长及以上的管理人员。

4. "身股"实行以岗定股，即按照岗位级别确定授予股份比例，具体比例如下：

店长级别：0.2%"身股"，共35人；
M线(管理3、4级)及P线(专业技术4、5级)：0.3%"身股"，共21人；
M线(管理1、2级)及P线(专业技术2、3级)：0.5%"身股"，共12人。

5. 员工离职时，取消"身股"。

对于大多数企业来说，内部员工通过出钱成为合伙人，这里的合伙人可以是虚拟股东，也可以成为公司的实股股东，享受超额利润的分享或税后利润的分红。

企业在实际操作中，对于优秀的人才可以先投钱使其成为合伙人，即银股，经过一段时间的考察，其业绩达标和价值观与公司高度一致，就转成实股(注册股)股东。

因此，只有公司制作为持股平台，企业才会有实股、虚股和身股之说。而银股作为合伙股，进可成为公司的实股股东，退可只享受分红权，不会引起工商注册变更。

第四章

合伙人制度的设计
——恋爱模式，操作灵活

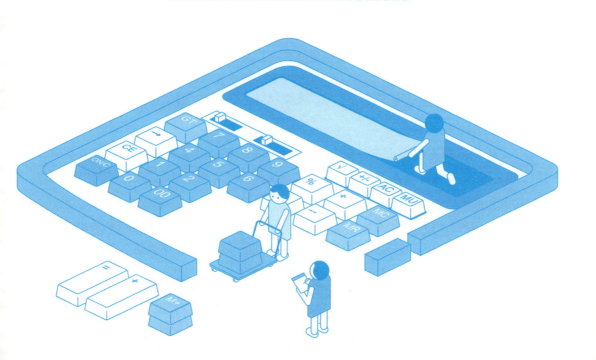

案例4.1　泡面吧合伙人之间的"宫斗"

2013年俞昊然成功开发了泡面吧的原始代码，并在此基础上创立了在线编程教育网站——众学致一网络科技(北京)有限责任公司。其中俞昊然负责技术，王冲负责融资，严霁玥负责运营，公司核心团队形成。在工商登记注册资料中，泡面吧初始股权结构为：王冲占65%，俞昊然占25%，严霁玥占10%。

对此，王冲的解释是，投资人需要公司有人一股独大，因此他就暂时成为第一大股东；而据俞昊然回忆在引进天使投资之前，他与王冲口头约定，为满足天使投资人的要求，王冲暂为第一大股东，等天使资金入账之后，两人再"股份对调"。遗憾的是，俞昊然与王冲的说法并未列入书面的合伙人协议中。

2014年6月16日，经过王冲的努力，泡面吧A轮融资收到了多家投资机构给出的风险投资协议书。据报道，其中条件最优的一家愿意出资300万美元，占股20%，此时公司总估值接近1亿元人民币。

6月17日，三位创始人在讨论股权融资协议时，为股权比例和谁是老大的问题发生了激烈的争执。15分钟后，俞昊然对其他两位合伙人宣布：一是他刚刚删掉了存放在代码托管库上的泡面吧网站代码，自己保存了副本；二是他写了两封邮件，一封给全体员工，一封给投资人，两封信将在一个半小时后自动发出。他觉得王冲在与投资人洽谈时撒了谎，他要"说出真相"。现场的所有人被他的举动惊呆了！

继而，俞昊然提出了他的谈判条件：第一要回美国完成学业；第二要做CEO；第三要做大股东。双方谈判未果，王冲和严霁玥离开泡面吧团队，项目A轮融资失败。

2014年7月1日，俞昊然和项目团队被严霁玥从原先的用户QQ群中踢出，这个QQ群是当时的泡面吧与用户沟通的主要渠道。俞昊然开始反击，他在泡面吧官网上发表声明：正式开除王冲、严霁玥。

从这个案例中，我们得到的教训如下：

1. 合伙人尽量不要使用兼职人员，而俞昊然作为公司的创始人兼职就是一大忌讳。

2. 创始合伙人俞昊然具有不可替代性，但占股仅25%，这为以后的公司老大之争埋下了地雷，其实可以书面方式规定融资结束后的股权结构安排，或股权代持的设计。

3. 缺乏合伙人的退出制度。泡面吧的合伙人终以相互开除对方作为结局，由"桃园结义"变成了"反目为仇"。

俗话说没有规矩不成方圆，这个规矩就是合伙人制度。否则，合伙人友谊之舟说翻就翻。笔者认为合伙制度的内容包括合伙人如何选择、合伙人如何出资、合伙人如何估值、合伙人如何分钱和合伙人如何退出五大部分。

第一节 如何选择合伙人

唐朝魏征深谙人才或合伙人的选择标准，他说："天下未定，选才以能为先；天下既定，当德才兼备，德行为重；把才转化为能力信任，把德转化为善意信任。"笔者深以为同。

冯仑说过："要像女人对待终身大事一样选择合伙人。"他认为，你选择合作伙伴的时候，实际上跟找对象一样，价值观一定要一致，这样你们两个可以同甘共苦，一直走下去，可以化解很多危机。合伙人价值观一致还有一个好处，就是即使当你们分开的时候，也不影响你们继续做朋友。所以大家对于价值观上的默契，和对是非观点的判断其实是选择合作伙伴时最重要的考量因素，这和女性一开始考虑终身大事是一样的。

真格基金创始人徐小平曾经在演讲中也强调了合伙人的重要性，他表示"合伙人的重要性超过了商业模式和行业选择，比你是否处于风口上更重要"。

这也印证了投行界的名言：投资即投人。我们来看下阿里巴巴和复星集团是如何选择合伙人的。

案例4.2 阿里巴巴合伙人的资格

阿里巴巴在IPO前，马云所持有的股份仅为8.9%(如图4.1所示)，但他能控制公司,其中的奥秘就是合伙人计划,而其原型就是投行高盛和咨询公司麦肯锡。

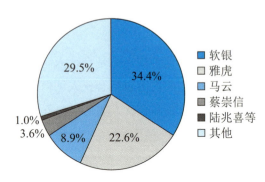

图4.1 阿里巴巴IPO前的股权架构

那么阿里巴巴选择合伙人资格的标准、权利与义务等有哪些呢?

(一) 合伙人的资格要求

1. 合伙人必须在阿里服务满5年;

2. 合伙人必须持有公司股份,且有限售要求;

3. 由在任合伙人向合伙人委员会提名推荐,并由合伙人委员会审核同意其参加选举;

4. 在一人一票的基础上,超过75%的合伙人投票同意其加入,合伙人的选举和罢免无须经过股东大会审议或通过。

此外,成为合伙人还要符合两个弹性标准:对公司发展有积极贡献;高度认同公司文化,愿意为公司使命、愿景和价值观竭尽全力。

(二) 合伙人的提名权和任命权

1. 合伙人拥有提名董事的权利;

2. 合伙人提名的董事占董事会人数一半以上,因任何原因董事会成员中由合伙人提名或任命的董事不足半数时,合伙人有权任命额外的董事以确保其半数以上董事控制权;

3. 如果股东不同意选举合伙人提名的董事的,合伙人可以任命新的临时董事,直至下一年度股东大会;

4. 如果董事因任何原因离职,合伙人有权任命临时董事以填补空缺,直至下一年度股东大会。阿里巴巴合伙人提名流程如图4.2所示。

第四章 合伙人制度的设计——恋爱模式，操作灵活 75

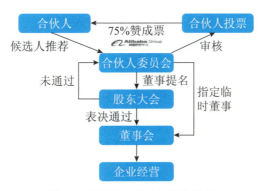

图4.2 阿里巴巴合伙人提名流程

需要说明的是，阿里巴巴合伙人的奖金分配，是税前列支事项，区别于股东分红权从税后利润中提取，而合伙人奖金分配是做管理费用处理的。因此合伙人的分红一方面属于绩效奖金的范畴，可以减少公司的所得税的支出；另一方面不需要股东大会讨论，直接由董事会决定就可以执行，提高了决策的效率。

案例4.3 郭广昌致复星全球合伙人的一封信(节选)

2016年1月4日，在新年的第一次晨会上，我与大家分享了关于复星要实施合伙人计划的消息。这几天我仍然在想，对复星来说合伙人计划的重要意义是什么？在特拉维夫与许多极富企业家精神的以色列伙伴们见面后，我想用一封信的形式再向大家分享一下我对复星合伙人计划的思考。

首先，合伙人的基因一直在复星存在。24年前，我和信军、群斌等5个人共同踏上创业道路，成立了复星。那时候大家觉得资金很少，生意也难做，虽然每个人都有股份，但也没说有多少。大家就是一个合伙人的概念。直到1998年复星医药上市，我们明确了各自的股权比例。但同时我们也都清楚，这个比例不是静态的，是动态的。我们一直希望有更多的人加入进来共同创业，把复星不断做大、做强。

在这个过程中，我们非常清楚复星能走到今天，公司不是一个人或某几个人的公司，功劳也不属于个别人，这是每一位具有企业家精神的同学们共同努力、共同奉献智慧的结果。所以，与复星核心战略高度相关的就是人才。而且，我们希望复星的人才战略更多地学习高盛的合伙人文化，我们要强调团队、精英组织和企业家精神，我们期待每一位复星人都能成为复星合伙人。

今天，我们宣布了一批复星集团层面的合伙人。复星合伙人，是一种荣誉，更是一种责任。世界上效率最高的组织里面：一种组织叫军队，是自上而下、命令式、绝对服从、效率优先；另一种同样效率非常高的组织就是宗教，虽然没有铁的命令，但大家都在自觉自愿朝着一个目标去做。复星不可能也不会成为以上任何一种组织，但复星合伙人自身特质是可以向两者借鉴、学习的。我们的合伙人要有军人的那种素质，要有高效的执行力；同时，对复星的愿景、事业又要高度地认同、信任，并充满热情。

所以，复星合伙人产生的前提——"对复星文化和价值观高度认同，深刻理解复星的发展战略，善于学习，处于持续创业状态，有能力、有激情为公司发展贡献力量、不断创造价值。"复星合伙人将是我们在竞争中生存、壮大的保证，也是实现让我们这个组织向高效、扁平、融通的智慧生命体继续进化的保证。

在这方面我想强调几点：第一，复星会有不同层面的合伙人，我们的合伙人将是各自专业领域的脊梁，又拥有着复星全局发展的视野；第二，复星集团层面的合伙人，是完善我们整个合伙人计划最重要的一步；第三，复星合伙人一定是全球化的，Jorge已经成为集团层面的首批合伙人，未来我们将有更多来自全球的合伙人加入；第四也是最重要的，复星合伙人不是终身制的，也不是论资排辈，我们希望更多年富力强、符合我们标准的新鲜血液补充进来，而不符合的一定要逐渐退出。

特别要说的是，我感觉，是否能成为合伙人最重要的一个标志就是你是不是处于一种企业家状态。"企业家状态"是我最近学习到的一个很有意思的词，就是做企业的人或者说企业家，其实是一种"状态"。这种状态就是不断想创新、创造，不断去学习，不断在思考新的商业模式，而且有这个精力、能力和想法去实现。

我们看出复星集团对合伙人的选择可谓独具匠心，笔者总结如下。

一、合伙人资格

对企业文化和价值观高度认同，深刻理解企业的发展战略，善于学习，处于持续创业状态，有能力、有激情为公司发展贡献力量、不断创造价值。

二、合伙人特色

1. 合伙人是各自专业领域的脊梁,又拥有全局发展的视野;
2. 合伙人是全球化的;
3. 合伙人不是终身制的,也不是论资排辈。

案例4.4　某企业是如何选拔合伙人的?

某企业现有员工500人,老板为了简单起见,按照员工总数的10%设立50个合伙人的名额。合伙人选拔的标准是:50%业绩+30%价值观+20%团队意识。

1. 老板指定15个合伙人。
2. 全体员工投票选出15个合伙人,得票率超过80%当选。
2. 要想成为剩下20个合伙人,公司规定须由上述合伙人中的3个联合推荐(类似加入中国共产党),才能成为新的合伙人。
3. 每两年公司公布合伙人的贡献,通过无记名投票方式淘汰掉5%的合伙人,补充新的合伙人进来。

这种投票当选合伙人的形式是动态的,内部是一个民主体制。因此史玉柱说,合伙人制度本质上是一场民主试验。

案例4.4也是合伙人选择的一种模式,但定性东西过多,主观性大了些。那么企业对合伙人的选择有什么科学的工具或模型吗?笔者认为可以从人员的岗位价值、人员的素质能力水平和员工对企业的历史贡献三个维度建模,得出合伙人的评估模型,如表4.1所示。

表4.1　合伙人的评估模型

维度	序号	因素名称	得分	因素定义
岗位价值	1	战略影响	10分	岗位所能够影响到的战略层面和程度
	2	管理责任	10分	岗位在管理和监督方面承担的责任大小
	3	工作复杂性	10分	岗位工作中所面临问题的复杂性
	4	工作创造性	10分	岗位在解决问题时所需要的创造能力
素质能力	5	专业知识能力	15分	员工所具有的专业知识能力的广度和深度
	6	价值观	5分	员工与企业的价值观是否一致

(续表)

维度	序号	因素名称	得分	因素定义
历史贡献	7	销售业绩贡献	15分	员工以往对销售业绩的贡献大小
	8	技术进步贡献	10分	员工以往对技术进步的贡献大小
	9	管理改进贡献	10分	员工以往对管理改进的贡献大小
	10	员工工龄	5分	是否是企业的早期员工(例如企业初创后2年内加入)

企业可以利用表4.1对候选合伙人进行评估，如同人才测评工具一样，例如得分在75分以上的可以认定符合条件。企业的HR部门要对表4.1进行量化，要精确到1～10分的具体标准，例如1分与10分的区别。

第二节　合伙人如何出资

笔者认为员工只有出资才有资格成为合伙人，因为不出资就没有心痛的感觉，也就不会去珍惜。这就像男孩子追女孩子一样的道理，为什么女孩子要矜持，这是人性的特点，当男孩子历尽艰辛把女孩子追到手后，至少会在持续一段时间内很爱她。例如著名投行高盛规定，要成为其合伙人，除了要缴纳高昂的入伙费之外，还必须留存合伙收益的绝大部分存于公司作为股本金。

因此，合伙人出资从管理心理学来看，是押金，也是投名状。

合伙人的出资主要有四类，即现金、实物、无形资产和换股。其中前三类出资比较常见，换股出资多出现在企业的收购兼并中，这类出资需要一定的技术，应引起大家的重视。笔者重点讲下现金出资、无形资产出资和换股出资。

一、现金出资

案例4.5　某企业的合伙人现金出资方案

1. 合伙人向公司缴纳一定金额的合伙金，本轮合伙金为现金出资，每份人民币5000元，各部门合伙金缴纳情况详见表4.2所示。以后新入伙的合伙人，将依据公司净利润完成情况重新确定合伙金缴纳标准。

表4.2 各部门合伙金缴纳情况一览表

级别	姓名	职务	人数	份数	应缴合伙金	年度基础资格分
财务部	××	财务经理	1	15	75 000	30
	财务部门		4	24	120 000	48
	××		1	15	75 000	30
生产部	××	车间主任	1	12	60 000	24
	一车间		1	4	20 000	8
	××	生产主任	1	12	60 000	24
	二车间		1	4	20 000	8
技术部	××	技术主管	1	15	75 000	30
	技术部门		10	50	250 000	100
供应链	××	仓库主管	1	8	40 000	16
	供应链		5	20	100 000	40
人事部	××	人资主管	1	12	60 000	24
	人事部		2	10	50 000	20
QC部门	××	QC主管	1	12	60 000	24
	QC部门		2	8	40 000	16
	业务部		8	48	240 000	96
本轮8人加8个部门实际合计				269	1 345 000	
预留				31	155 000	
合计				300	1 500 000	

2. 合伙人应在2016年5月1日前完成合伙金的缴纳。

3. 合伙人的合伙金只作为合伙人身份保证之用，与投资股本无关。合伙人无须对公司的亏损负责。

4. 由公司统一对合伙人缴纳的合伙金进行管理，并对合伙金的使用、安全负责。

5. 合伙人申请退出本计划的，公司在一个月内向合伙人退回合伙金，并以发生年度为基础、计算该年度已过实际时间按月息0.5%给合伙人支付合伙金利息补偿。年中退出的合伙人当年不再享有各种分红。

6. 合伙金不可视作股本转让。合伙人资格也不可转让。

7. 随着公司管理制度的规范、财务制度的健全，公司将逐步推行股权变革，未来将核心管理层缴纳的合伙金逐步转变为认购股。公司也将为合伙人提供优先的共同投资、合作发展的职业与事业机会。

现金出资是合伙人最常见、最直观、最靠谱的出资方式，一方面员工对企业高度认同，愿意共享企业的经营成果，共担企业的经营风险；另一方面企业可以增加现金流，虽然金额不大。笔者遇到部分企业在推行合伙人制度时，员工没钱出资的尴尬现象。在实务中，对于没钱出资的员工，企业可以提供担保贷款、员工本人提供抵押、员工年终奖部分转入、项目承包收益转入等方式。

笔者认为，合伙人足额出资与部分出资在责权利上应有一定的区分。例如企业可以规定在下一轮合伙人计划中，上一轮部分出资的合伙人须溢价出资；或者合伙份额打折；甚至分红打折等。

企业收到员工的合伙金及支付合伙金分红，财务应如何记账呢？

1. 收到合伙金时

　　借：现金/银行存款

　　　　贷：其他应付款——合伙金

2. 付合伙金利息

　　借：财务费用

　　　　贷：应交税金——个人所得税

　　　　　　现金/银行存款

注：代扣代缴个人所得税按：利息、股息、红利所得计算，税率20%。

让员工现金出资时，笔者发现一个有趣现象：销售部员工出资最积极，财务部员工最消极。这大概与两个部门员工日常工作性质与看问题方法有关吧。销售人员做事总是比较积极果断，容易只注意事情有利的一面，忽视不利的一面；而财务人员做事比较谨慎，看问题容易忽视积极的一面，只看到消极的一面。所以老板做重大决定，可以同时听取这两个部门的意见，并在不同意见当中权衡协调。

二、实物出资

实物包括房屋、机器、设备、厂房等固定资产。合伙人实物出资时，应注意如下流程。

(一) 评估作价

《公司法》第27条规定，对作为出资的实物应当评估作价，核实财产。所以，合伙人以实物出资时首先应当对实物进行评估作价，既要核实实物的产权，也要对其价值进行真实的评估。

(二) 转移产权

《公司法》第28条规定，以实物出资的，应当依法办理其财产权的转移手续。即合伙人应当在约定的出资日期将实物的产权转移给公司。如以厂房等不动产出资的，则需要在房管部门进行厂房产权的变更登记。

如果合伙人是以房屋出资的，我们除了要看房产证、土地证，更应该到当地的房管局、国土局查询其原件及电子档案。在实操中，笔者遇到过某一合伙人把房屋抵押出去了，但他伪造了没有抵押出去的房产三证。

(三) 涉税处理

1. 增值税。以公司机器设备、办公设施实物出资的增值税纳税税务问题，适用《国家税务总局关于简并增值税征收率政策的通知》(财税〔2014〕57号)规定："纳税人销售旧货按照简易办法依照3%征收率减按2%征收增值税。"

所称旧货，是指进入二次流通的具有部分使用价值的货物(含旧汽车、旧摩托车和旧游艇)，但不包括自己使用过的物品。

2. 企业所得税。根据《中华人民共和国企业所得税法实施条例》(国务院令第512号)第58条的规定，通过投资方式取得的固定资产，以该资产的公允价值和支付的相关税费为计税基础。

第72条规定：存货按照以下方法确定成本：第一，通过支付现金方式取得的存货，以购买价款和支付的相关税费为成本；第二，通过支付现金以外的方式取得的存货，以该存货的公允价值和支付的相关税费为成本；第三，生产性生物资产收获的农产品，以产出或者采收过程中发生的材料费、人工费和分摊的间接费用等必要支出为成本。

3. 印花税。根据《中华人民共和国印花税暂行条例》(2011年修订本)第三条：纳税人根据应纳税凭证的性质，分别按比例税率或者按件定额计算应纳税额。具体税率、税额的确定，依照本条例所附《印花税税目税率表》执行。应纳税额不足1角的，免纳印花税。应纳税额在1角以上的，其税额尾数不满5分的不计，满5分的按1角计算缴纳。

4. 土地增值税。根据《关于土地增值税一些具体问题规定的通知》(财税字〔1995〕第48号)第二条规定：对于以房地产进行投资、联营的，投资、联营一方以土地(房地产)作价入股进行投资或作为联营条件，将房地产转让到所投资、联营的企业中时，暂免征收土地增值税。对投资、联营企业将上述房地产再转让的，应征收土地增值税。

5. 契税。根据《中华人民共和国契税暂行条例细则》第8条规定：以土地、房屋权属作价投资、入股的，适用契税税率为3%~5%。

三、无形资产出资

案例4.6　A公司与B博士的专利技术出资的纠纷

A公司是专业生产医疗器械的企业，在国内拥有较高的知名度；B系美医学博士，拥有内窥镜医疗器械的三项发明专利。经A公司与B友好协商，拟成立新公司C，注册资金为3000万元。在设计C公司的股权结构时，双方发生争议。B博士认为他的专利技术价值至少1500万元以上，要求持有C公司的51%股权。

但A公司不同意，认为知识产权占公司注册资本比例过高，会造成C公司经营资金短缺。并且该技术还须经过进一步研发、多次临床试验以及行政审批，才能进入市场，时间长，存在较多未知因素，如竞争性技术的发展，市场的对接等问题；A公司作为投资方，已经支出了巨额资金，而且后期投入，包括研发成本、人工成本、审批成本，投入的都是真金白银，一旦损失，则无法弥补，而技术则不同。

B博士也不同意，认为自己技术已经低估了，而且其他投资人目前也在向他伸出"橄榄枝"。双方协商不下，筹建工作一度陷于停滞状态。

针对A公司提出的这些问题，笔者委托律师对B博士所拥有的专利进行了一系列尽职调查工作。经过调查，核实了以下事实：发明专利已经公告授权、处于有效期，专利年费正常缴纳，无其他人对此专利提出无效的请求；排除了该专利技术属职务发明的可能性，博士对该专利技术有处分权，在此之前无专利许可或质押等处分行为，专利权已经办理转移手续，且B博士同意将相关技术也转移给公司，并签订技术保密和竞业禁止协议；该专利技术并未经过专业评估机构评估及审验，价值是通过双方的预估来判断；该专利技术目前并未进行产业化，还处于进一步研发、试验、审批的阶段等。

在此基础上,经与双方沟通,笔者提出如下解决的方案,并起草了投资协议:

1. C公司设立之初,基础股权中专利价值预估不可过高,可以占比10%(价值300万元),因为在目前研发、试验以至投入市场还有较长周期,短期内产生不了经济效益,而内窥镜技术目前须依靠资本扶持才能转化为产品,所以在股权设计时应突出货币资本的重要性,由投资方占主导地位。

2. 在投资协议中约定,预留"20%股权池",对于B博士所持有的技术股,以动态股权的方式,按照技术研发的周期完成情况、研发效果、投入市场的效果,分阶段对技术股从股权池中予以分配,逐步提高技术股所占例。同时按照同股不同权的原则,约定B博士每一股对应1.8倍的分红权,即18%的分红权。

3. 聘请有资质的专业评估机构对该专利价值进行评估,20%的股权池逐年释放,直至B博士占30%为止。双方对此满意,C公司目前已注册,各项工作正有条不紊地推进。

(一) 涉及无形资产出资的法律法规

1.《公司法》第27条:股东可以用货币出资,也可以用实物、知识产权、土地使用权等可以用货币估价并可以依法转让的非货币财产作价出资;但是,法律、行政法规规定不得作为出资的财产除外。

对作为出资的非货币财产应当评估作价,核实财产,不得高估或者低估作价。法律、行政法规对评估作价有规定的,从其规定。

2.《公司注册资本登记管理规定》第5条:股东或者发起人可以用货币出资,也可以用实物、知识产权、土地使用权等可以用货币估价并可以依法转让的非货币财产作价出资。股东或者发起人不得以劳务、信用、自然人姓名、商誉、特许经营权或者设定担保的财产等作价出资。

案例4.7　D公司无形资产出资需要缴纳增值税吗?

D公司为小规模纳税人,2016年5月以无形资产(专利技术)投资到E公司,该专利技术估值为1000万元,占股30%。该专利于2014年2月取得,账面原值为700

万元。问D公司是否应缴纳增值税？

《财政部、国家税务总局关于全面推开营业税改征增值税试点的通知》(财税〔2016〕36号)《附件1：营业税改征增值税试点实施办法》第10条规定，销售服务、无形资产或者不动产，是指有偿提供服务、有偿转让无形资产或者不动产。

根据以上规定不难看出，D公司以无形资产、不动产投资入股时其所有权发生转移，同时取得股权即取得经济利益。因此，对D公司将无形资产投资至E公司来换取股权行为属于有偿转让无形资产或者不动产，按有偿销售不动产、无形资产行为征收增值税。

因此，应缴增值税额=1000÷(1+3%)×3%=29.13(万元)。

(二) 无形资产出资的程序

用于出资的无形资产需是对公司经营起到重要作用，能产生一定收益的无形资产。一般来说，无形资产出资需经过评估、所有权转移两个程序。

1. 无形资产评估。无形资产出资时需要由第三方评估机构进行价值评估。评估一般首选"收益法"。收益法常用指标有收益额、收益期限和折现率。收益额是指由无形资产直接带来的未来的超额收益。收益期限是指无形资产具有的实现超额收益能力的时间。

总体来说，用收益法进行评估只是一种预测，难免带有主观偏差。因此，如涉及无形资产出资的，企业会委托评估机构对无形资产所涉及的收入部分进行调查，确保无形资产在评估的收益期限内实现了评估的收益价值。

2. 办理财产转移手续。对于无形资产出资，根据公司法，应办理财产转移手续，即需将无形资产所有权属由股东变更为公司。

(三) 无形资产出资应关注的要点

1. 无形资产产权归属的问题，其中重点关注职务发明的问题。如果是公司用无形资产出资，就要设法证明该项无形资产属于职务发明；如果是自然人股东以无形资产出资，就要设法证明该无形资产不属于职务发明。

2. 无形资产的价值问题，即是否存在高估、是否导致虚假出资。如果出资资产对公司没有价值或不适用于公司经营，由出资股东将账面余额用等值货币或其他资产回购，对不实摊销的部分再以等值货币或其他资产补足。

如果出资资产对公司经营非常必要，先将无形资产全部做减值处理，再由原出自股东将减值补足，计入资本公积。将不实摊销的部分再以等值货币或其他资产补足。

3. 无形资产出资的程序问题，即是否经过评估，中介是否具备相应资质。

笔者认为在合伙人所有出资中，以无形资产出资为最虚，它的价值也最难以量化，例如2007年"三鹿商标"价值150亿，2008年三聚氰胺事件爆发，这个商标被浙江三鹿实业有限公司以730万买走。

四、换股出资

案例4.8 美的集团吸收合并美的电器

换股前，美的集团是上市公司美的电器的第一大股东，占股比例为41.17%，上市公司美的电器的股权结构如图4.3所示。

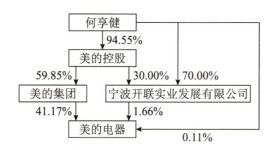

图4.3 换股前美的电器股权结构图

此次换股吸收合并的方案中，美的集团的换股价为44.56元/股，美的电器经调整后的换股价为15.36元/股，换股比例为0.3447∶1。表4.3显示了换股吸收合并之前双方总股本情况及持股情况。

表4.3 换股前美的集团与美的电器的持股情况

美的电器总股本	338 435万股
美的集团总股本	100 000万股
美的集团持有美的电器股权比例	41.17%

美的集团向除自身之外的美的电器其他股东发行股份，合计338 435×(1-41.17%)×0.3447=68 630(万股)。美的集团总股本变为100 000+68 630=168 630，而美的电器所有股票全部注销。美的控股原持有美的集团59.85%股份，换股后持有比例变为59.85%×100 000÷168 630=35.5%；换股后，除美的集团外美的电器其他股东持有美的集团68 630÷168 630×100%=40.7%。

美的集团整体上市后，美的集团的股权结构也将发生重大变化，美的集团的股权比例为：美的控股34.9%，战略投资者12.3%，管理层11.1%，普通流通股东41.7%，详见图4.4所示。

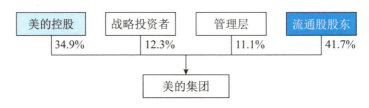

图4.4　美的集团整体上市后的股权结构

换股出资是指合伙人以股票作为出资，将目标公司的股票按一定比例换成本公司股票的过程。在资本市场，这种以公司形式通过股权互换出资也比较常见。

2015年7月10日，君实生物公司的股东合伙人以2∶1的估值比换股吸收合并新三板挂牌企业众合医药，两家新药研发企业将借此实现资源共享。根据方案，众合医药的换股价格为1.32元/股，君实生物将以26.23元/股的价格发行735万股股票用于吸收合并众合医药，换股比例为1∶19.87，即换股股东所持有的每19.87股众合医药股票可以换得1股君实生物此次发行的股票。新三板首例换股吸合并案由此诞生。

换股出资的特点：

1. 合伙人不需要支付大量现金，因而不会挤占公司的营运资金。

2. 目标公司的股东可以推迟收益实现时间，享受税收优惠。

3. 对目标公司而言，新增发的股票改变了其原有的股权结构，导致股东权益的"淡化"，其结果甚至可能使原先的股东丧失对公司的控制权。

4. 上市公司换股出资比较常见。股票发行要受到证监会的监督以及证券交易所上市规则的限制，发行手续烦琐、迟缓使得竞购对手有时间组织竞购，亦使不愿被并购的目标公司有时间部署反并购措施。

第三节
合伙人如何估值

案例4.9 一个主营人脸识别系统的初创企业估值

F公司开发了人脸识别系统,并称获得了当地科技局的批文和200万的意向订单,希望融资400万。对于这个初创企业应该如何估值?

G天使作为合伙人对F公司的项目进行了实地的考察,查看了行业指标及F公司的财务报表,对F公司未来三年的销售收入做了预测,分别是500万、1200万和2500万。

鉴于F公司明年会实现销售收入,但利润预估为负,因此G天使用PS(市销率)对F公司进行了估值=(500+1200+2500)÷3=1400万,G天使投资400万,双方持股比例分别是77%(1400÷1800)和23%(400÷1800)。双方还约定了对赌条款,规定将来F公司经营不善导致清算,F公司的创始股东放弃剩余资产的分配权等。

一般来说,合伙人对企业投资或出资时,经常会遇到投后估值的问题。这就如同女孩子出嫁,那是人生最大的一次估值,因为未来之事不可测,没有哪个女孩子希望自己吃亏,但也难免忐忑不安。周华健的《明天我要嫁给你》这首歌描写的正是这种复杂的心态。

那么合伙人对企业估值有哪些常用的方法呢?笔者认为常见的估值方法包括成本法、市场法和收益法,分别对应PB(市净率)、PS(市销率)和PE(市盈率)。

一、估值的方法

(一) PB(市净率) =市值÷净资产

通常情况下,PB适用于那些拥有大量固定资产且周期性较强的行业,对于软件、电商等固定资产较少、商誉较重的行业就不太适用了。一般来说,国内VC(风投)能接受的PB倍数为2～3倍。

(二) PS(市销率) = 市值÷销售额

PS估值适用于利润为零或负的电商、软件等未来价值较高的行业。例如京东2015年销售额高达1813亿元,但净利润亏损94亿元。

但笔者分析京东的财务报表后,发现这是一种战略性亏损,是投资性支出带来的亏损,而不是我们通常所说的主营业务的亏损。因为京东在2015年投资了途牛、天天果园、永辉超市、金蝶软件、饿了么、分期乐等各领域知名企业,累计投资额近百亿元。而这些投资是用来补充京东核心业务的产业链支撑能力,这是对未来的投资,长远看是很值的。

(三) PE(市盈率) = 市值÷净利润

市盈率法是对企业估值最普通、最普遍的方法。一般来说,市盈率估值不适用于利润为零及负的公司。其中0~13倍,价值被低估;14~20倍,正常水平;21~27倍,价值被高估;28倍以上,出现投机性泡沫。

一方面,PE估值法适用于周期性较弱企业,如公共服务业、食品行业、道路运输业等,因其盈利相对稳定。另一方面,PE的倒数就是ROI(投资回报率),15%的ROI还是比较有吸引力的。但ROI=年利润÷投资额×100%,这个指标简单但有作假的嫌疑,比如对于"分子",融资企业可以通过延长折旧和摊销年限的方式,实现虚增利润的目的;对于"分母",融资企业可以通过银行贷款等杠杆方式,放大企业的投资回报。

估值过高会摊薄收益率、延长投资回报期。如果融资企业处于初创期,还没有利润,仍然用PE对企业估值,就可以考虑把收益期延长3~5年,对利润进行加权平均,这种计算方式就是财务上经常使用的"现金流折现法"。

(四) PB、PE、ROE之间的逻辑关系

1. PB÷PE=净利润÷净资产=ROE(净资产收益率)。
2. ROE=净资产收益率=净利润÷所有者权益=净利润÷净资产
   =销售净利率×资产周转率×杠杆比率
   =(净利润÷销售收入)×(销售收入÷总资产)×[1÷(1-资产负债率)]。

我们知道,PE与PB只是企业经营的一个结果,而ROE涉及企业的经营水平、资产管理能力与负债水平,因此ROE更有意义。

3. 假设PE=20倍，则PB与ROE的关系如表4.4所示。

表4.4　PE=20倍时PB与ROE的关系

ROE	5%	10%	15%	20%	50%	70%	90%
PB	1	2	3	4	10	14	18

著名投资专家张健平先生把PE、PB与ROE划分成九宫图，如图4.5所示(摘自张健平先生的A股估值结构之四象八卦图)：X轴为PE，Y轴为PB，按数值高中低组合分成9种类型，方框里的"高中低"分别代表ROE的水平(ROE=PB÷PE，平均ROE为15%。中PE区间为10~20倍，中PB区间为1.5~3倍)。

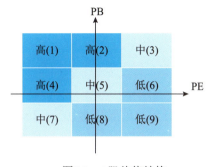

图4.5　A股估值结构

1区域(高PB低PE，高ROE)：属于业绩刚刚完成大爆发，但天花板已近，业绩难以持续增长的公司。例如三一重工、三爱富。

2区域(高PB中PE，高ROE)：公司大部分拥有很多的无形资产，行业前景阳光。例如烟台万华、五粮液。

3区域(高PB高PE，中ROE)：一般是处于成长初期业绩刚刚开始释放的黑马股。这个位置，不管怎么变，股价上涨的可能性都小，很有可能会盛极而衰。例如天士力、重庆啤酒。

4区域(中PB低PE，高ROE)：这个行业前景相对偏暗淡，属于以较低的价格买入优质企业，这个区域整体属于退可守进可攻的类型。例如江铃汽车、潍柴动力。

5区域(中PB中PE，中ROE)：这类公司靠的是频繁的增发融资，其内生成长贡献不大，它们并未给股东带来多少正现金流回报。例如万科、中国神华。

6区域(中PB高PE，低ROE)：一般属于受宏观面或政策影响的周期股或公共事业股。例如大唐发电、中国铝业。

7区域(低PB低PE，中ROE)：这类公司一般资产规模较大，靠的是加杠杆和增发，所以其ROE一直处于中间水平，而未来的行业发展空间又存疑，银行股就是典型。

8区域(低PB中PE，低ROE)：这类公司所处的行业不太阳光，缺乏成长的想象空间，而且对上下游都没有定价能力。例如钢铁行业和造纸行业。

9区域(低PB高PE，低ROE)：这类公司一般行业前景暗淡，通常包括我们所说的垃圾股。

总之在企业估值实务中，没有一个大家公认的称量企业价值的方法，更多是提供一种思考问题的视角，不会是最终的答案。正如《管理百年》这本书所说的那样：管理上没有最终的答案，只有永恒的追问。企业估值也如此。

二、估值的阶段

一般来讲，公司从开始创立到最后上市，一般要经过三轮到五轮的融资(天使轮、A/B/C/D轮等)。每轮融资出让的股份为10%～20%，即所有股东股份同比稀释，基本上到第三轮融资时创始团队的股份会被稀释到50%左右，第四轮会更低。

另外，有融资就有估值，不同阶段对应不同的估值(供参考的指标)，如表4.5所示。

表4.5　不同阶段的融资所对应的估值

轮次	特征	投资金额	出让股份比例	估值
天使轮	只有一个概念，或者刚开始运营，还没有出来产品，或者出来了产品却没有大规模销售	50万～100万元	≤20%	≤500万元
A轮	产品与商业模式已初步形成，同时积累了一部分核心用户	100万～1000万元	≤20%	≤5000万元
B轮	公司的产品开始有一定的盈利，公司的商业模式在实践中证明是可行的，并积累了大量的客户	1000万～5000万元	≤15%	≤3.3亿元
C轮	公司上市之前的最后一轮融资，销售收入与利润每年递增超过20%，市场前景乐观	5000万元以上	≤10%	≥5亿元

根据表4.5的内容，企业家或创始团队关心的是自己出让多少股份合适，暂时不会有控制权丧失的风险。笔者对不同的融资轮次做了测算，如表4.6所示。

表4.6 创始团队控股权是否丧失的测算

内容 轮次	创始团队	投资者1 (天使)	投资者2 (A轮)	投资者3 (B轮)	投资者4 (C轮)	创始团队 是否控股
天使轮	80%	20%	-	-	-	是
A轮	64% (80%×80%)	16% (20%×80%)	20%	-	-	是
B轮	54.4% (64%×85%)	13.6% (16%×85%)	17% (20%×85%)	15%	-	是
C轮	48.96% (54.4%×90%)	12.24% (13.6%×90%)	15.3% (17%×90%)	13.5% (15%×90%)	10%	否

因此，公司对每一轮融资所出让的股份，应做相应的测算，避免公司估值上去了，但创始团队的控股权丧失了。这种融资的代价太大了！

三、估值的调整

一般来说，合伙人或投资人是按照经营指标的完成情况分期出资的，但经营有风险，融资企业的经营指标未如期完成的话，投资人会对融资企业进行估值调整，即所谓的"对赌"。

对赌条款就是一种"估值调整制度"（Valuation Adjustment Mechasism, VAM）。它包括股权对赌和现金对赌。

案例4.10 冯小刚与华谊兄弟公司的对赌协议

2015年9月2日，冯小刚与陆国强成立浙江东阳美拉传媒有限公司(以下简称"美拉")，持股比例分别是99%和1%，注册资金为500万元。而美拉是影片《我不是潘金莲》《非诚勿扰》的出品人之一。

2015年11月19日，华谊兄弟公司(300027，SZ)发布公告，以10.5亿元收购美拉(此信息来自巨潮资讯网)。

华谊兄弟传媒股份有限公司
关于投资控股浙江东阳美拉传媒有限公司的公告

本公司及其董事会全体成员保证公告内容真实、准确和完整，没有虚假记载、误导性陈述或重大遗漏。

一、对外投资概述

1. 公司拟以人民币10.5亿元的股权转让价款收购浙江东阳美拉传媒有限公司(以下简称"目标公司")的股东冯小刚和陆国强合计持有的目标公司70%的股权，本次股权转让完成后，公司持有目标公司70%的股权。

2. 公司于2015年11月19日召开的第三届董事会第25次会议审议通过《关于公司投资控股浙江东阳美拉传媒有限公司的议案》，其中9票同意、0票反对、0票弃权。公司与冯小刚、陆国强之间不存在关联关系，因此本次投资不构成关联交易。

二、投资标的的基本情况

1. 目标公司的基本信息

名称：浙江东阳美拉传媒有限公司

经营范围：制作、复制、发行；专题、专栏、综艺、动画片、广播剧、电视剧；影视文化信息咨询；影视剧本创作、策划、交易；艺人经纪；制作、代理、发布；电子和数字媒体广告及影视广告；实景娱乐、演出。

2. 目标公司的股权结构

目前目标公司的股权结构为：冯小刚持有目标公司99%的股权，陆国强持有目标公司1%的股权。

3. 目标公司的主要财务数据

截至公告日，目标公司未经审计的财务数据为：资产总额为人民币1.36万元，负债总额为人民币1.91万元，所有者权益为人民币-0.55万元，公司注册资本为人民币500万元。

2015年12月9日，美拉的股权与法定代表人发生变更。变更后的股权结构为冯小刚占30%，华谊兄弟公司占70%。法定代表人也同时变更为王忠磊，分别如表4.7和表4.8所示(来自：全国企业信用信息公示系统)。

表4.7 组织机构变更(2015-12-09)

变更前	变更后
姓名：冯小刚；证件名称；证件号码；性别：男性；职务：执行董事	姓名：冯小刚；证件名称；证件号码；性别：男性；职务：经理
姓名：冯小刚；证件名称：证件号码：性别：男性；职务：经理	姓名：陆国强；证件名称：证件号码；性别：男性；职务：监事
姓名：陆国强；证件名称：证件号码：性别：男性；职务：监事	姓名：王忠磊；证件名称；证件号码；性别：男性；职务：执行董事

表4.8 投资人(投权)变更(2015-12-09)

变更前	变更后
姓名：陆国强；出资额：5；百分比：1 姓名：冯小刚；出资额：495；百分比：99	姓名：冯小刚；出资额：150；百分比：30；企业名称：华谊兄弟传媒股份有限公司；出资额：350；百分比：70；法人性质：企业法人

从美拉的近2个月的财务报表来看，净资产为负，原因是冯小刚还来不及把主要资产注入就被财大气粗的华谊兄弟公司收购了。冯小刚凭借这个壳公司就赚得盆满钵满。但是华谊兄弟公司也不是吃素的，于是对赌协议来了，如下所示。

5. 业绩承诺

老股东做出的业绩承诺期限为5年，自目标的股权转让完成之日起至2020年12月31日止，其中2016年度是指标的股权转让完成之日起至2016年12月31日止。

2016年度承诺的业绩目标为目标公司当年经审计的税后净利润不低于人民币1亿元，自2017年度起，每个年度的业绩目标为在上一个年度承诺的净利润目标基础上增长15%。

若老股东未能完成某个年度的"业绩目标"，则老股东同意于该年度的审计报告出具之日起30个工作日内，以现金的方式(或目标公司认可的其他方式)补足目标公司未完成的该年度业绩目标之差额部分。

6. 根据冯小刚及公司于2009年9月8日签署了《合作协议》的约定，冯小刚在合作期限内为公司拍摄五部电影作品。截至本协议签署之日，冯小刚在《合作协议》项下已经为公司拍摄三部电影作品，尚剩余两部电影作品未拍摄。

自本协议签署之日起，冯小刚为公司拍摄的电影作品《我不是潘金莲》(暂定名)视为冯小刚为公司拍摄完成的第四部电影作品。剩余一部电影作品按如下方式执行：自冯小刚将其作为导演参与的某一部电影项下其享有的收益分红权无偿转让并支付给公司之日起,即视为冯小刚履行完毕《合作协议》项下最后一部电影作品的拍摄义务。

2016年11月18日,冯小刚导演的最新电影《我不是潘金莲》依靠大额票补一举拿下全国院线近半的排片的情况下,万达院线这边却只给了10%多一点的排映。冯小刚认为这是万达对华谊的报复,于是炮轰王健林的万达院线。据说这个事件与原万达院线的总经理叶宁跳槽到华谊任CEO有关。但究其深层次原因,笔者认为更是冯小刚与华谊兄弟公司签订的对赌协议惹的祸。

案例4.11 某企业的对赌协议

(一) 购买价格

融资公司(甲方)投资前的整体估值为1亿元人民币,投资方(乙方)以3000万元认购甲方增发的股本。增资完成后,甲方原股东持有76.92%的股权,乙方持有23.08%的股权。

(二) 上市规划

1. 甲方和甲方现有股东承诺,在将现有的有限公司变更为股份公司(公司重组)后,力争在2018年12月31日(上市截至日)之前使甲方在境内上交所、深交所(主板、中小板、创业板)上市。

2. 如果由于甲方故意不配合上市的各项工作而导致公司上市未实现,甲方必须承担由此引起的一切后果;如果由于乙方原因造成上市失败,甲方有权要求乙方承担从上市筹备开始的一切费用,及由此引起的实际损失。

(三) 业绩保证

1. 甲方现有股东和乙方共同为公司设定了2015年度税后利润1400万元、2016年度税后利润1900万元;2015年和2016年两年经审计的税后利润3300万元的经营目标。

2. 公司有义务尽力实现和完成最佳的经营业绩,管理层股东有义务尽职管理公司,确保公司实现其经营目标。

(四) 估值调整

当甲方未来两年(2015—2016年)承诺业绩未能实现,乙方有权选择:

1. 按照实际完成的净利润重新计算企业估值,但估值不得低于乙方投资前公司净资产的总额。

2. 调整后各方股东所占股权比例保持不变，但现有股东须在2015年或2016年审计结束后3个月内退还乙方相应多付的投资款，乙方按照各自相应的投资比例获得此部分退款。

3. 计算依据为：以2015年、2016年两年累计经审计的税后利润之和为基数，按照4倍市盈率重新调整本轮估值；或调整股权比例，但调整上限为30%，剩余不足按照现金返还(最高比例不得超过本轮投资额与增资完成后经审计净资产总额的占比)。

(五) 触发事件

1. 2015年和2016年经审计税后净利润累计低于3300万元。
2. 2015年经审计税后净利润低于1000万元(2015年经营目标为：1400万元×70%)。
3. 投资后销售年增长低于30%，或者净利润年增长低于30%。
4. 至上市截止日，由于甲方故意不配合导致没有完成上市。但如果触发事件是由于地震、台风、水灾、战争、政府行为，或者足以影响到国内普通人群的日常出游意愿的重大疫情(比如非典、甲型H1N1流感大爆发并持续较长时间的)及其他各方不可预见并对其发生和后果不能防止或避免的不可抗力事件，各方同意，此时视为未发生触发事件。

(六) 股权质押

为确保履行上述最低业绩保障承诺，甲方现有股东同意预先将10%股权质押给乙方(手续自股权实质控制人过户到乙方名下即告完成)，质押手续自本次增资完成后30个工作日内完成。

如果公司2015年和2016年经审计税后净利润累计低于3300万元(即触发事件1)，或者2015年经审计的税后净利润低于1000万元人民币(即触发事件2)，乙方有权选择：

1. 要求甲方现有股东立即回购。
2. 立即将质押股权一次性调整，即乙方受让甲方的6.92%股权，占股30%。

如果A公司2015年和2016年两年累计经审计的税后利润高于预定目标，则乙方于审计结束后一个月内将上述质押股权无条件回拨给甲方现有股东。

笔者认为对赌协议在投资并购领域应较少采用，因为投资方将成为控股股东，甚至是全资100%收购融资公司，原股东和管理层已经失去对公司的控制能力，当然不可能要求他们对公司的未来经营业绩做出承诺或背书。

我们知道对赌协议适用于融资方未完成业绩的情况，会引发投资方要求回购股份或融资方让渡部分股份，如案例4.11中的触发事件1和触发事件2。

如果融资方业绩超过了预期，融资方可能会考虑投资方给予何种奖励(注：在案例4.11中并无此规定，仅对投资方的资金安全做出了风险的预防)。另外需要注意的是：在对赌中，当融资方的预期收益(销售收入或净利润)远大于对赌所支付的对价时，融资方可能会选择执行对赌协议，而不愿投资方继续分享高额的分红。

假如在案例4.11中，甲方公司获得乙方融资3000万元后，发现2015年税后净利润预计大于1000万元，达到2000万元。这时甲方公司通过隐藏利润的方式想让乙方退出，经过调账把2015年净利润调整成950万元，于是导致触发事件2的发生。

1. 乙方对赌退出：分红所得=1000万元×30%=300万元(注：乙方受让甲方的6.92%股权，占股比例合计为30%)。

2. 乙方不退出，甲公司按正常净利润做账后，乙方分红所得=2000×23.08%=461.6万元(注：质押的6.92%股权，解押后归属甲公司)。

两种方案相比，前者比后者少支付分红款161.6万元。如果甲方公司选择执行对赌协议，一方面利用乙方的资金做了短期的过桥；另一方面当乙方退出后，甲方公司会把未来两年隐藏的净利润释放出来。甲方公司可谓一箭双雕，但同时甲方公司也会失信于天下。

对于拟上市的企业来说，我国证监会是不认可对赌协议的，包括上市时间对赌、股权对赌条款、业绩对赌协议、董事会一票否决权安排、企业清算优选受偿协议等都是IPO审核的禁区。因此，拟上市公司必须在上市前对对赌协议做相应的技术处理。

第四节 合伙人如何分钱

案例4.12 都是分钱惹的祸

1. 老王辛苦了一年，年终奖拿了1万，左右一打听，办公室其他人年终奖却只有1千。老王按捺不住心中的狂喜，偷偷用手机打电话给老婆：亲爱的，晚上别做饭了，年终奖发下来了，晚上咱们去你一直惦记着的西餐厅，好好庆祝一下！

2. 老王辛苦了一年，年终奖拿了1万，左右一打听，办公室其他人年终奖也是1万，心头不免掠过一丝失望。快下班的时候，老王给老婆发了条短信：晚上别做饭了，年终奖发下来了，晚上咱们去家门口的那家川菜馆吃吧。

3. 老王辛苦了一年，年终奖拿了1万，左右一打听，办公室其他人年终奖都拿了1.2万。老王心中郁闷，一整天都感觉胸口像压着一块石头，闷闷不乐。下班到家，见老婆正在做饭，嘟嘟囔囔地发了一通牢骚，老婆好说歹说劝了半天，老王才想开一些，聊胜于无吧。把正在玩电脑的儿子叫过来，摸给他100块：去，到门口川菜馆买两个菜回来，晚饭咱们加两个菜。

4. 老王辛苦了一年，年终奖拿了1万，左右一打听，办公室其他人年终奖都拿了5万。老王一听，肺都要气炸了，立马冲到总经理办公室，理论了半天，无果。老王强忍着怒气在办公室憋了一整天。回到家，一声不吭地生闷气，瞥见儿子在玩电脑，突然大发雷霆：你这个没出息的东西，马上要考试了，还不赶快去看书，再让我看到你玩电脑，老子打烂你的屁股！

这是网络上广为流传的关于分钱的经典段子，形象地说明了分钱对员工心理造成的冲击。企业最怕钱分出去了，人还在，心却不在了。

俗话说赚钱难，分钱更难；同患难容易，共富贵难。《吕氏春秋》中所记载的管仲与鲍叔牙的合伙经营生意已是初具雏形，两人在"分金桥"上完成分钱的过程，其公平性一直为后代所津津乐道，堪称分钱之祖宗。笔者认为，企业在分钱公平性上要考虑三大因素，如图4.6所示。

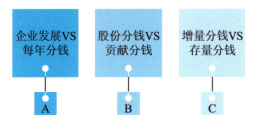

图4.6 分钱的艺术

第一，企业要平衡未来发展与每年分钱之间的矛盾。一般来说，大股东希望把未分配利润更多用于企业的发展，但小股东更倾向于每年能有些钱回本。因此,企业是把分钱当成"老婆"不让他人碰,还是当成"女儿"备个大彩礼做嫁妆?前者如上市公司金杯汽车(600609.SH),自1992年上市以来24年没分过红,被评为史上最"铁公鸡"的公司。后者如上市公司贵州茅台(600519.SH)和云南白药(000538.SZ),每年分红,被誉为史上"最慷慨的公司"。

说到分钱,企业总要有钱来分,笔者猜想诸如金杯汽车这样的知名公司不是不想分红,而是没有足够的现金来支撑。例如笔者查看金杯汽车2015年的利润表,发现它的净利润约1.97亿元;再看其2015年现金流量表,显示经营性现金净额约为-4.92亿元。难怪它没有钱来分红。

那么企业的钱有哪些来源呢?从财务角度来看,我们知道企业的钱或资金来源主要有股东投入和融资所得。企业经过若干年的发展,产生一定的利润与超额利润,再加上股东的股份稀释,共同构成了分钱的基础与来源,笔者比较它们之间的区别,见表4.9。

表4.9 企业分钱的来源

序号	内容 来源	特点
1	股东	股东股份稀释而来
2	企业利润	属于存量部分,企业通过经营产生的利润,是股东所得
3	企业超额利润	增量部分,企业的超额利润,一般体现在绩效合同里

第二,企业要平衡资本价值与人本价值之间的关系。例如在《乔家大院》电视剧中,"银股"按股份分钱,"身股"按贡献分钱,后者还包括我们常说的"干股"。

第三,企业要平衡增量分钱与存量分钱之间的关系。前者是按超额利润来分,是做"加法"与"乘法";而后者是按净利润来分,是做"减法"。当企业净利润为零或负数时,企业就"无米可炊"了,正如《甲方乙方》电影中的经典台词"地主家也没有余粮了",此时企业是在做"除法"。而分钱的前提是要有"余粮",即有钱可分。

因此分钱是门艺术,分钱考验着老板的格局和胸怀!正如《道德经》第81章所说的:"既以为人已愈有,既以与人已愈多。天之道,利而不害。圣人之道,为而不争。"即老板格局与胸怀越大,企业也就做得越大。

既然分钱这么重要,在实务中该如何落地操作呢?笔者概括为兜底分钱、增量分钱和考核分钱三种模式,或这三种模式的结合体,详细介绍如下。

一、兜底分钱

兜底分钱,是指企业或股东承诺按一定的比例或固定的投资回报兑现分红,而不论企业业绩是否达标或完成。

案例4.13 大股东的兜底分钱承诺

接案例4.5,假如公司2015年目标净利润为2500万元,年底实际完成净利润为2800万元,增量部分为300万元。公司股东会决定提取增量部分的25%作为第一轮红利分配,即75万元。

按照表4.2的规定,第一轮共计300份,每份5000元。每份预计分红=2500元(75万÷300)。

则财务经理合伙金15份,可分红=2500×15=37 500元。

我们知道企业在有增量的情况下,分红会皆大欢喜的。但是企业在只有存量的情况下,该如何分红呢?另外,企业推行合伙人制度,第一轮合伙金筹集是最困难的,按照人性趋利避害的特点,极有可能存在观望或犹豫的现象。这时大股东的兜底分钱承诺就尤为关键了,例如承诺业绩的差额部分的5%作为兜底分红的标准。

假如公司2015年实际完成净利润为2300万,业绩没有完成,相差200万元,不能分红。但是按照大股东兜底分红的规定,由大股东自掏腰包10万元(200万×5%)作为分红。

则每份预计分红=333元(10万÷300)。于是财务经理合伙金15份,可分红=333×15=4995元。但这种以牺牲大股东利益为代价的做法不会长久,如果企业业绩持续下降的话,员工也会失去合伙的信心。因此企业走上坡路、业绩佳才是王道。

2015年9月,上市公司金通灵发布公告称,近日收到公司大股东季伟和季维东提交的《向全体员工发出增持公司股票的倡议书》,二人倡议公司全体员工积极买入金通灵股票,并承诺"凡9月8日至9月15日期间,公司员工通过二级市场买入金通灵股票且连续持有12个月以上并且在职,若因增持金通灵股票产生的亏损，由本人予以全额补偿；收益则归员工个人所有"。

在实务中，可以在协议中约定固定收益或优选分红权。例如企业在合同中规定不会强制分红，而另行约定公司每年向供应链合伙人支付100万的服务费，通过关联交易来兑现分红的承诺。这是兜底的一种形式。

在分钱问题上，《公司法》规定股东按照实缴的出资比例分取红利。现实问题是企业有利润，大股东就是不分红。怎么办？

在实务中，可以在协议中规定大股东"强制分红"条款，即规定企业每年必须拿出一定比例的分红。例如投资人向公司投资1000万，占10%股份，双方约定大股东要确保投资人每年保底收益率为10%，即100万的收益，这就是兜底协议。

二、增量分钱

某企业是专业生产电动切割工具的高新技术企业，主营10种不同的产品。2015年5月公司导入了合伙人制度，得出业务员的月度平衡点，并且统计各区域市场的业务完成情况，业务员作为合伙人参与销售增量的分钱。公司为激励业务员多做业绩，在增量提成上采取累进提成法。以A业务员经营产品1为案例，说明增量分钱的套路，详见表4.10所示。

表4.10　A业务员增量分钱

毛利率	月度平衡点	合伙人(A业务员)	
		地区业务增量(累进提成法)	提成
15%	(80)万元	0~20万	15%
		20~50万	12%
		50~70万	10%
		70~100万	8%

测算：当毛利率为15%、增量为30万元时，A业务员提成(分钱)=(20-0)万元×15%×15%+(30-20)万元×15%×12%=6300元。

三、考核分钱

绩效考核的第一原则是权责利对等，有奖有罚应成为常态。笔者以某汽车配件企业的事业部总监合伙人绩效考核为案例，分析合伙人如何分钱，如表4.11所示。

第四章 合伙人制度的设计——恋爱模式，操作灵活

表4.11 事业部总监合伙人的考核分钱

目标	KPI指标	定义	目标值	关键措施	得分	计分规则	自评	总经理	数据来源
经济性目标：财务目标全年各项指标达成	销售收入	对主营收入的考核，以回款为销售收入确定	>1亿	控制保时捷总库存在1000万以内，最高不得超过1050万，库存准确性超过98%；加强现有福州、郑州、台州、宁波、金华分公司的市场占有率；加强杭州及各分公司资金回笼和风险把控；集团客户的销售业务量增加；人才建设及培养	30	1. ≥1亿，每增加200万，加1分；2. <1亿，每减少200万扣1分；年销售指标分解到季及月度			财务部
	净利润	考核事业部完成公司下达的利润指标	>550万		20	1. <550万，每少30万扣1分，至20分止；2. ≥550万，按"累进提成制"分配(另定)			
	回款率	考核销售资金回笼效率	>95%		15	1. ≥95%，加2分；2. <95%，每少2%，扣2分，至15分止			
	存货周转率	1. 考核事业部存货资产变现能力或资金周转速度。2. 存货周转率(次数)=销货成本÷平均存货余额	≥7次		10	≥7 加1分，至3分止 >2 0 <7 扣1~2分 <2 0			
	费用控制率	1. 考核事业部费用的控制与降低 2. 公式为：费用/销售收入×100%	<6.5%		5	<6.5%，奖励2分 >6.5%，扣2，至5分止			

(续表)

目标	KPI指标	定义	目标值	关键措施	得分	计分规则	自评	总经理	数据来源
客户满意：不断提升集团客户、4S公司和修理厂等合作伙伴的满意度	客户投诉的响应及时率	1.解决因服务淡薄引发的客户流失 2.公式=按时处理的次数/投诉总数 3.月度考核指标	≥90%	1.调查研究客户心理需求； 2.2个工作日内妥善处理与回复； 3.客户对处理的结果表示满意	5	实际值＜80%，得零分； 80%以上的，得分=(实际值－下限)/(目标值－下限)×100%； 实际值下限为80%，目标值为90%			市场部
内部管理：通过有效的内部管理确保时捷事业部目标的实现	业务员的离职率	衡量核心人才的保有量	≤1人	1.加强自身角色的转换与管理能力提升； 2.加强工作沟通	5	1人离职，扣2分； 2人离职，扣3分； 3人离职，扣完。			HR部门
	人均培训课时	考核现有人员的培养、专业能力提升、服务意识提高	≥30课时	1.专业类培训每年不得少于20课时； 2.通用管理类（沟通技巧等）不得少于10课时	5	因员工作业绩不佳，或触犯公司价值观被淘汰的除外 专业类培训每少1课时，扣1分；通用管理类每少1课时，扣0.5分。 1课时=3小时			HR部门
总得分					20				

同时公司规定事业部总监考核得分与分红系数的关系，如表4.12所示。

表4.12 事业部总监分考核得分与分红系数的关系

事业部总监考核得分	70分以下	71～80分	81～90分	91～100分	101～120分	120分以上
事业部总监分钱系数	0.5	0.8	0.9	1.0	1.2	1.3封顶

1.假设2016年公司超额利润为1000万元，合伙人分红的比例为30%，即300万元。事业部总监出资15万元，占合伙金总额的5%，当年绩效考核得分为85分，按照表4.12的规定，该总监的合伙金系统为0.9。则事业部总监分红=300万×5%×0.9=13.5万元。

2. 当年绩效考核得分为118分时，该合伙人分红=300万×5%×1.2=18万元。

3. 当年绩效考核得分为65分时，该合伙人分红=300万×5%×0.5=7.5万元。该公司以70分作为合伙人考核的底线，低于70分合伙金系数为0.5。

大家可能要问，此时合伙金的系数为何不为零？我们知道通常来说，绩效考核的作用之一是用来发放奖金，于是就有了绩效考核得分为70分以下时，奖金取消之说。但合伙人是出资而享有分红权的，如果因为绩效考核得分低而全部取消其分红权时，会带来很多管理上的纠纷。

所以笔者在本案例中，设计了当合伙人绩效考核得分在70分以下时，分红对折的方案。

4. 假设所有合伙人考核得分均大于120分，则所有合伙人分红多增加90万元=(300×1.3)-300。

第五节 合伙人如何退出

著名音乐人周治平在歌词中写道：如果我们不再相爱了，我会找一个雨天安静地离开。倘若合伙人之间能做到爱情不在友情在，大家友好分手，也是一件幸事！经典名曲《爱的代价》有一句这样的歌词："也曾伤心流泪，也曾黯然心碎，这是爱的代价。"这是对合伙人的退出心态的最佳注解。

故合伙人退出如同离婚，好聚好散。在实务操作中，合伙人退出的方式主要包括荣誉合伙人退出、回购退出、IPO上市退出、绩效考核退出。

一、荣誉合伙人退出

2016年8月22日，阿里巴巴集团发布公告，陆兆禧卸任CEO，正式退休。按照阿里合伙人退休制度，陆兆禧将担任阿里巴巴荣誉合伙人。那么阿里巴巴合伙人的退休是如何规定的？荣誉合伙人有什么条件呢？

根据阿里巴巴的章程，合伙人的自身年龄以及在阿里巴巴集团工作的年限相加总和等于或超过60岁，可申请退休并担任阿里巴巴荣誉合伙人。荣誉合伙人无法行使合伙人权利，但是能够得到奖金池的一部分分配。

陆兆禧1969年出生，2000年加入阿里巴巴，年龄加工作年限总和超60岁。完全符合上述条件。目前阿里集团CEO为张勇，1971年出生，2007年加入阿里巴巴，按照阿里的合伙人退休制度的规定，预计2020年张勇到达退休年龄。

二、回购退出

案例4.14　华为创业元老刘平离职后股份回购的纠纷

2002年1月10日，刘平离职办理股份回购。华为公司认为应按刘平1999年度持有股金354万元为基础，以1∶1比例计算退股回购。

刘平对此存异议，他认为2001年华为公司利用公积金及股利转增股本，实收资本由23.2亿元增加到32亿元，他的股本也就应相应增加到4 882 759元，并且华为公司2001年度的每股净资产为3.28元，并非1元。

双方未达成协议，刘平诉讼至深圳法院。法院最终判决刘平败诉，因为员工与公司之间是合同关系，并非股东关系，华为员工的股份是一种分红激励和融资手段。

(一) 回购价格

案例4.14的纠纷主要是因为双方对回购价格存在异议。那么回购价格有哪些呢？笔者认为可以分成三类，如图4.7所示。

图4.7　回购价格的类型

1. 溢价或者折价。溢价是指高出原来的投资款，例如原来某个合伙人出资10万，他退出时11万，溢价1万。反之，折价是指低于原来的投资款。这种回购价格相对比较简单，可以在合伙人协议中约定，双方同意即可操作。

2. 按照估值的一定折扣。一般而言，引进投资者后，公司估值会远高于原值，合伙人的股权或合伙金相对溢价较多。例如某公司投后10倍PE的估值，这时合伙人可以按照7倍或8倍的投资款退出。假如某公司出让10%的股份，本轮获得投资100万元。那么本轮投资该公司投资后的估值(简称投后估值，post-money)，即投后估值=100万元÷10%=1000万元。投前估值(pre-money)=投后估值－本轮投资额(100万)=900万元。

3. 每股净资产或每股净利润：某合伙人拥有公司10万股的注册股，当时公司每股净资产假设是1元/股，退出时3元/股，那么公司回购他的股份需要30万，溢价200%(20÷10)。这种回购价格需要注意的是：退出时如何保证每股净资产的真实性？实务中，一般请外部独立的资产评估机构来操作。

(二) 回购类型

本书把合伙人与股东做了区分，按照这样的逻辑，回购退出可以分成股权退出和合伙金退出两种类型。

1. 股权退出。特指股东合伙人的退出，因此其已持有的股权由公司回购。这里要明确的是股东与员工身份是不同的，例如有些具有股东身份的员工因为劳动合同到期不再续签,此时员工身份自然终止,公司没有必须发放薪酬的义务;但其股东身份还在,其权利与义务受公司法保护,仍然能享受公司的分红。

这种情形下,公司要免除其股东的身份时就需要涉及回购的价格问题,谈妥后才能办理相应的工商变更手续。对于离职不交出股权的合伙人,可在章程中约定高额违约金。

2. 合伙金退出。它是指非股东合伙人的退出,即以当初缴纳的合伙金按照溢价或折价方式回购。此时的合伙人本质上来说还是公司的员工,而非股东,操作时不受公司法的调整,属于公司内部治理的范畴。

案例4.15　某公司合伙金退出的规定

(一)因过错导致的回购

在退出事件发生之前,任何一方出现下述任何过错行为之一的,经公司董事会决议通过,公司有权以1元/股的价格回购该合伙人的全部出资款。该等过错行为包括:

1. 严重违反公司的规章制度;
2. 严重失职,营私舞弊,给公司造成重大损害;
3. 泄露公司商业秘密;
4. 被依法追究刑事责任,并对公司造成严重损失;
5. 违反竞业禁止义务;
6. 捏造事实严重损害公司声誉。

(二)终止劳动关系导致的回购

1. 在退出事件发生之前,合伙人与公司终止劳动关系的,包括但不限于合伙人主动离职,或与公司协商终止劳动关系,或因自身原因不能履行职务,则至劳动关系终止之日,除非公司董事会另行决定。

2. 回购价格为其出资额的3~5倍,具体由公司董事会根据其过往贡献、绩效等确定;并且按银行同期定期存款利息核算原合伙金的利息。

(三)自愿退出的回购

1. 是指合伙人劳动合同未满而退出的情形;
2. 回购价格为其出资额的0.8~2.5倍,具体由公司董事会根据其过往贡献、绩效等确定;并且按银行同期定期存款利息核算原合伙金的利息。此举是为了预防合伙人中途离职而给公司带来损失。

以上三种类型的回购，公司承诺在收到合伙人的《股份回购》书面通知当日起，3个月内付清全部金额。其中前1个月付清50%，后2个月分别付清30%和20%。

三、IPO上市退出

这里的退出是指股东合伙人的退出。对于股东合伙人来说，能通过IPO上市退出是最理想的状态，投资回报率也是最大的。当然这也考验着股东合伙人的耐心，毕竟IPO需要较长的等待期，并不是每个合规的企业都能够上市的。

截至2015年底，沪深两市上市公司一共有2853家；新三板挂牌企业为7436家。

(一)多层次的资本市场

目前我国资本市场分为：交易所市场(主板、中小板、创业板)和场外市场(全国中小企业股份转让系统，即新三板)、区域股权市场(四板)和产权交易所市场(五板)。如图4.8所示。

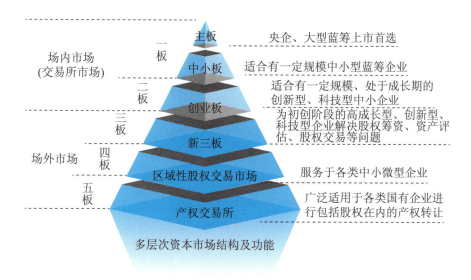

图4.8　我国多层次的资本市场

其中，由主板、中小板和创业板组成的场内市场就是我们通常说的"上市"，具有100%的融资功能。2014年推出的新三板是为更多的中小企业提供融资的平台，如同1998年高校扩招让更多的人进入了大学的校门。因此，新三板严格讲应该是"挂牌"，而非"上市"。因为目前新三板不能公开发行新股，只能定向增发。据统计，只有不到20%的新三版挂牌公司实现了融资。

总之，新三板挂牌如同参加《非诚勿扰》节目，只能提升你的曝光率，对择偶有所帮助而已。但是，如果自身条件不好，依然没有女嘉宾为你留灯的。那么，新三板与交易所市场的区别有哪些呢？笔者总结如表4.13所示。

表4.13 新三板与交易所市场的区别

板块 内容	新三板	交易所市场
公司群体	创新创业型中小企业为主	成熟期成长期企业为主
投资者门槛	500万元	无
投资者构成	机构投资者为主	机构、个人并重
公司准入门槛	较低财务指标	较高财务指标
交易制度	协议转让方式、做市商方式	集中竞价方式
融资制度	定向发行股票、公司债、可转债或中小企业私募债等	公开发行
风险包容性	较高	较低

(二) 退出的要求

主板、中小板和创业板退出比较容易，在禁售期结束后就可以出售或者转让其持有的股份，我国法律规定如下。

1. 主板上市公司的控股股东及实际控制人所持股票在公司上市之日起至少锁定36个月，而新三板市场则规定控股股东及实际控制人所持有股票在挂牌之日、挂牌满一年以及挂牌满两年等三个时点可分别转让所持股票的三分之一。

2. 对于公司其他股东而言，主板上市公司股票在公司上市之日起至少锁定12个月。而新三板公司的董事、监事、高级管理人员所持新增股份在任职期间每年转让不得超过其所持股份的25%，所持本公司股份子公司股票上市交易之日起一年内不得转让。上述人员离职后半年内，不得转让其所持本公司股份。

案例4.16 九鼎投资LP合伙人的退出

2014年4月23日,北京同创九鼎投资管理股份有限公司(简称"九鼎投资"),登陆新三板(代码:430719),成为首家在新三板挂牌的PE。

九鼎投资在挂牌同时,以610元/股的价格定向发行股票(对象为LP)579.80万股,融资规模为35.37亿元,发行完成后总股本1829.8万股,总资产42.15亿元,净资产36.4亿元,一举成为新三板市值和净资产排名第一的公司。九鼎股权结构如图4.9所示。

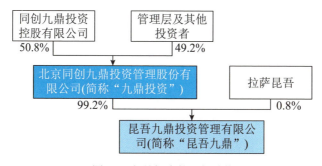

图4.9 九鼎投资的股权结构

该定增方案最大的特点和创新之处是预先设计了LP(有限合伙人)的退出制度,即将LP份额置换成公司股权。具体操作手法是:九鼎投资向138个投资者发行了股票,其中公司30个、合伙企业9个、自然人99个,定增对象中包括一些LP和公司高层。

2015年5月15日,九鼎投资在江西省产权交易所通过竞价的方式,以41.5亿元拍得江西中江集团有限责任公司100%的股权,间接持有上市公司中江地产(代码:600053.SH)72.37%的股权。图4.10为收购前中江地产的股权结构。

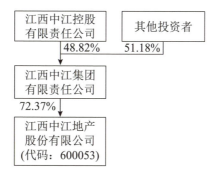

图4.10 收购前中江地产股权结构

本次收购创下了新三板公司控股A股上市公司的先例。我们习惯以为上市公司比新三版挂牌公司更高端，是本科生与专科生的关系，只有专科生表现好才可以"专升本"，即只能前者收购后者，而不能相反。图4.11是收购后中江地产的股权结构。

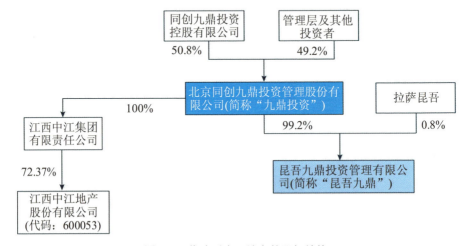

图4.11　收购后中江地产的股权结构

2015年9月24日，中江地产(代码：600053.SH)以约9.1亿元现金收购九鼎投资(99.2%股份)、拉萨昆吾(0.8%股份)合计持有的昆吾九鼎100%股权，如图所4.12所示。

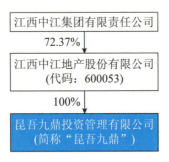

图4.12　中江地产100%股权收购昆吾九鼎

至此，九鼎投资最牛的私募业务装入上市公司，为LP合伙人的退出创造了条件。

2015年11月30日，中江地产(代码：600053.SH)拟以10元/股，向九鼎投资、拉萨昆吾和天风证券定增约12亿股，募集资金总额约120亿元，该方案将上报中国证监会审批同意，届时中江地产的股权结构模拟如图4.13所示。

2015年12月8日，北京同创九鼎投资管理股份有限公司(简称“九鼎投资”)变更为同创九鼎投资管理集团股份有限公司(简称：“九鼎集团”，代码430719)。截止到2016年5月31日，在新三板7436家挂牌企业中，九鼎集团的注册资本高达150.00亿元(如图4.14所示)，秒杀了所有的挂牌企业！要知道新三板挂牌企业平均注册资本为5993.42万元。

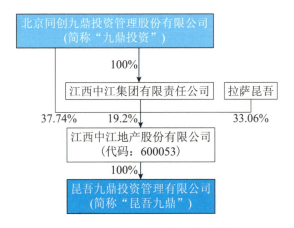

图4.13 中江地产的股权结构模拟

基本信息			
统一社会信用代码	911100005657773276	名称	同创九鼎投资管理集团股份有限公司
类型	其他股份有限公司(非上市)	法定代表人	吴刚
注册资本	1500000.0398 万元 人民币	成立日期	2010年12月10日
住所	北京市西城区金融大街7号英蓝国际金融中心F618		
营业期限自	2010年12月10日	营业期限至	
经营范围	投资管理；投资咨询。（1、未经有关部门批准，不得以公开方式募集资金；2、不得公开开展证券类产品和金融衍生品交易活动；3、不得发放贷款；4、不得对所投资企业以外的其他企业提供担保；5、不得向投资者承诺投资本金不受损失或者承诺最低收益。企业依法自主选择经营项目，开展经营活动；依法须经批准的项目，经相关部门批准后依批准的内容开展经营活动；不得从事本市产业政策禁止和限制类项目的经营活动。）		

图4.14 九鼎集团的注册资金

2015年12月25日，中江地产(代码：600053.SH)发布名称变更公告，公司名称由江西中江地产股份有限公司变更为昆吾九鼎投资控股股份有限公司(简称：“九鼎投资”，代码600053.SH)。

2016年2月3日，中国证监会否决九鼎投资(原中江地产)的非公开定增方案。

2016年9月13日，九鼎投资(代码：600053.SH)将非公开发行股票募集资金总额由约120亿元调整为约15亿元，股票价格由10元/股调整为32.07 /股。

四、绩效考核退出

笔者看过很多企业的绩效考核方案，基本上超过目标就皆大欢喜，正向激励比较多，例如超额利润分享、超销售目标奖励及各种荣誉。

然而如果没有完成目标，就会找各种各样的理由去开脱，例如市场因素、资源不足、人员未到位等。最后老板只好妥协，特别是对那些手握重权的销售精英们。因此绩效考核成了摆设，成则英雄，败不一定成为"寇"。

案例4.17 某公司合伙人计划实施方案

某公司是广东从事摄影电商连锁业务的企业，成立于2009年8月，由五个创始股东构成，股份占比分别是63%、20%、7%、5%和5%。注册资金为1000万元，有134名员工。为了留住品牌总监、技术总监等核心员工，公司在笔者的指导下，制订了合伙人计划方案(第1稿)，在此基础上笔者进行了点评。方案大致思路如下(经该公司董事长授权)。

一、合伙人释义

本方案的"合伙人"是指由公司内部员工直接或者以合伙企业的有限合伙人(LP)和信托基金的基金投资者身份间接认购本公司或者下属子公司、合伙企业的股票、股权或份额，参与经营、按股份或份额享受红利分配的新型合作形式。

二、合伙人对象与条件

1. 在本公司服务满3年。
2. 专业性强、核心员工、不可替代性强。
3. 高度认同公司文化，愿意为公司使命、愿景与价值观而竭尽全力。
4. 公司股东会授权董事会负责本合伙人计划的实施，成为本公司合伙人资格须董事会成员超过80%同意。

(点评：核心员工是指文化契合度高，认同并践行企业价值观和行为准则；专业能力强，不可替代性高，稳定性高，基本上无离职风险；理解并支持合伙人制度，愿意与企业合伙共赢。在实操中可以导入人才盘点的概念，要成为合伙人须得分≥3分，其中满分为5分。另外合伙人必须与公司签订"竞业协议"。)

三、合伙人资格

1. 公司拿出10%股份，即100万股成立合伙企业F，股份来源为大股东A稀释

5%、二股东B稀释3%、三股东C稀释1%；剩余股东D和E各稀释0.5%，同时办理工商变更。现在公司的股权架构如表4.14所示。

表4.14 某公司股权架构

股东	股权比例
大股东A	58%
二股东B	17%
三股东C	6%
四股东D	4.5%
五股东E	4.5%
合伙企业F	10%

（点评：此案例的公司并不一定要成立合伙企业作为持股平台，因为合伙企业大多用在项目跟投、外部无相关利益人投资、对外兼并收购等。本着简化手续的原则，10%的股份可以由大股东A代持，待合伙人转股条件成熟时释放。）

2. 以1元/股的价格计算合伙金总额为100万，公司把其分成200份，5000元/份。合伙人最低申购份数为10份，以5的倍数为基数。

3. 合伙人的资格类同于"身股"，合伙人在职期间享有，不得转让与继承。

（点评：合伙份数可以200份，也可以100份；金额可以5000元/股，也可以1万元/份，无固定的规定，由公司灵活掌握。）

四、合伙人出资及考核

该公司出资及考核方案如表4.15所示。

表4.15 某公司合伙人出资及考核方案

职位 \ 合伙人内容	人数	份数	合伙金	考核摘要
品牌总监	1人	30份	15万元	营业收入、顾客复购率
技术副总监	1人	30份	15万元	需求开发时效、需求满足率
仓储副总监	1人	30份	15万元	收货发货时效、店铺发货DSR、年损耗率
摄影总监、图文处理副总监	2人	各15份，共30份	15万元	拍摄及时率、拍摄质量
份数合计		120份	60万元	
预留		80份	40万元	
总计		200份	100万元	

(点评：可以设定合伙人最高的申购份数，比如品牌总监最高50份。预留80份给未来的公司核心骨干人才及外部引进的人才，这种做法值得学习。

假如上述合伙人没有足够的资金投入怎么办？可以考虑对未出资到位的合伙人分红打折、下一轮合伙金溢价出资等。）

五、合伙人分钱

按净利润的40%分红，合伙人分红总额=净利润×40%×10%。假如2016年公司的净利润低于700万元和2017低于800万时，公司董事会将有权终止合伙人计划方案的实施。

(点评：按净利润来分钱，是存量的分钱方式。公司也可采取增量的分钱方式，例如超额利润或超额销售收入，后者更能体现公司利益的最大化。

但增量分红也有不足的地方，即假如公司处于瓶颈时，合伙人一般不愿意出资。当公司内生式增长受限时，可以考虑外源式增长，即可以把经销商、客户等发展成外部合伙人，例如泸州老窖采用了经销商股权激励的方式。)

六、合伙人收益测算

2015年公司净利润为845万，2016年预计1200万，增幅为29.58%。

因此，品牌总监分钱=1200万×40%×10%×(30÷200)=7.2万，年投资回报率(ROI)为48%，也就是说品牌总监2年就收回合伙金了。

(点评：一般来说，最佳的年投资回报率为25%~40%，即通过3~4年收回本金。)

七、合伙人兜底条款

如果2016—2018年合伙人ROI低于48%，公司补齐差额部分，这就是兜底条款。假如2016年品牌总监合伙人投资回报率为32%，那么公司补足16%，即公司补差=7.2×16%÷48%=2.4(万元)。

(点评：有点类似优先股，合伙人每年有固定的ROI，而无任何风险，体现了老板的大格局与胸怀。假如公司发展势头很好、盈利能力不错，员工士气高涨，这时导入合伙人计划，让员工出资购买合伙金或股份，员工也会愿意。

一般来说，公司实施合伙人计划头2年比较难，因为员工处于观望中。这时公司可以兜底2年，先改变员工的习惯，后面员工自然接受这些规则了。)

八、合伙人的权利与义务

1. 分红及分息权：有权依照本计划的相关规定获得公司净利润的分红权；获

得利息的权利，即合伙金按银行年定期存款利息的2倍核算。

2. 查阅公司财务账簿权：定期了解公司的经营情况，避免股东恶意压低或隐藏利润。

3. 合伙金回购的请求权：合伙人计划实施满2年后，合伙人可享受此权利。

4. 申诉权：在合法权益受到侵犯时，合伙人有权向公司董事会或控股股东申诉。

5. 出资的义务：合伙人有按期缴纳合伙金的义务。

6. 遵章守纪义务：认真遵守公司各项规章制度，保守公司的商业秘密。

7. 保密的义务：合伙人不得将本计划书及相关协议泄露给任何人；

8. 竞业限制的义务：合伙人不得在与公司存在竞争关系的其他任何单位工作、兼职或直接(间接)持有其股份。

9. 纳税的义务：承担因分红所产生的纳税义务。

(点评：合伙人的权利主要包括合伙人的财产权、分红权和退出权等。合伙人的义务主要包括出资、保密、纳税、竞业禁止等。需要加上合伙人退出的权利，还可以再加上公司的权利与义务。)

九、合伙人退出

1. 自愿退出：因合伙人个人原因退出，合伙金全额退还，10个工作日内办妥。

2. 离职退出：合伙人工作交接完毕后，公司在5个工作日内退还50%合伙金，6个月后退还剩余50%。

3. 违纪退出：合伙人违反公司的规章制度，包括挪用公款、贪污受贿，或严重损害公司利益的行为，合伙金按60%退还；如对公司造成重大损失的，公司保留要求合伙人赔偿损失，且用合伙金扣抵损失的权利。

4. 考核退出：连续两年得分在80分以下。

(点评：合伙人未履行出资义务、公司经营不善时，合伙人如何退出？另外，合伙人在职期间的利息如何给？合伙金以何种方式回购？回购的价格是多少？)

十、合伙人转股(股东)的规定

合伙人在劳动合同存续期间内，同时满足下列的条件，合伙人原投资的合伙金自动转成公司注册股份，合伙人成为公司的注册股东：

1. 自公司实施合伙人计划后满2年后，即合伙人的分红(钱)大于或等于当初投入的合伙金本金时。

2. 公司董事会成员超过80%同意。

3. 合伙人个人考核得分在90分以上。

4. 本人自愿，并填写《合伙人转股东协议书》。

(点评：转为股东后，原持有的合伙人份数清零，退回到公司的合伙人份数池中，即合伙人200份不变，但第一大股东代持的股份相应减少。例如品牌总监满足合伙人转股东的条件，其持有的15份合伙人份数转到合伙人份数池中，15万元的合伙金转为公司的股东出资款，持有公司1%的股份。如果品牌总监感觉到所拥有的股份数较少，公司可以在下一轮的扩股中，允许其按所占股份比例，以2～4倍认购相应的股份。例如经公司所有股东同意，品牌总监可以认购2%～4%的股份，虽然其仅占公司1%的股份。

对于不愿转股的合伙人，公司尊重其意愿并按照其所持合伙人份数享受相应的分红，但不享有公司的投票权与决策权。

此外，还要注意合伙人转股时，是否溢价出资？比如2016年5月，公司通过定向增发股票方式进行B轮融资，股权架构会发生一系列变化，注册资金会由原来的1000万元提高到1亿元。)

十一、其他

1. 公司董事会可以修改本方案或对未尽事项进行补充；补充、修改的内容与本方案相冲突的，以补充、修改后的内容为准。

2. 附件1《合伙人出资协议书》(见案例4.18)、附件2《自愿参加合伙人计划的申请书》(见案例4.19)、附件3《合伙人计划终止的协议书》(见案例4.20)和附件4《关于终止××有限公司合伙人计划的申请书》(见案例4.21)四份文件，是本方案不可分割的组成部分。

3. 本方案一式两份，合伙人和公司董事会各执一份。

4. 本方案经合伙人签字、公司盖章后生效。

5. 本方案自2016年10月1日起执行。

(点评：应明确由哪个部门来执行，是财务部还是人力资源部？)

案例4.18 合伙人出资协议书

甲方：××有限公司[以下简称甲方]

乙方：_____　　身份证号码：_____　　[以下简称乙方]

甲、乙双方经友好协商，以诚信、合作、共赢、自愿之原则，共同签订此合伙人出资协议书，并共同遵守协议书内所有条款。

一、合作权利和义务：

甲、乙双方自签订本协议书、乙方支付全部合伙金给甲方之日起，乙方即成甲方合伙人，并达成以下共识：

1. 经甲方董事会审核通过，且乙方完全同意《××有限公司合伙人计划实施方案》(以下简"方案")相关条款和规定，乙方自愿加入甲方合伙人平台，并在签订协议时当即一次性向甲方交纳合伙金_____元(大写：_____整)，份数共____份，根据《××有限公司合伙人计划实施方案》的规定，可以获得甲方以净利润40%为基数的分红资格。

2. 乙方成为甲方合伙人后，必须严格遵守方案的规定。

3. 甲方应确保乙方的合法权益得到保障。

4. 合作期间，甲乙双方都须严格遵守《××有限公司合伙人计划实施方案》，维护共同利益。

5. 乙方的合伙人分红所得属于甲方特别激励计划，与其任职的工资、奖金无关。

二、本协议一式三份，甲方、乙方、公司人力资源部各执一份，具有同等法律效力。

三、如发生任何纠纷由双方协商解决，若协商不成，可到甲方所在地人民法院起诉。

四、本协议必须认真填写，要求字迹清楚、文字简练、准确，不得擅自涂改。

五、本协议自双方签字之日起生效。

甲方：××有限公司

公司签章：_____

乙方身份证复印件留底处

乙方签章(指纹)：_____

签约日期：_____年____月____日

案例4.19　自愿参加合伙人计划的申请书

本人＿＿＿自愿参加××有限公司合伙人计划，向××有限公司申请＿＿＿份、共计人民币＿＿＿元的合伙金，申请期限为＿＿＿年，即自＿＿＿年＿＿＿月＿＿＿日起至＿＿＿年＿＿＿月＿＿＿日止。

本人承诺遵守公司的各项规章制度，认同公司的经营理念和企业文化，服从公司整体的经营方针策略。同时本人已充分阅读、理解、认可并同意按《××有限公司合伙人计划》执行。

申请人：

身份证号码：

申请时间：　年　月　日

案例4.20　合伙人计划终止的协议书

甲乙双方于＿＿＿年＿＿＿月＿＿＿日签订了《××有限公司合伙人出资协议书》(下简称协议书)，现双方在自愿、平等、友好协商的基础上，就《协议书》的终止达成以下协议：

一、协议书自＿＿＿年＿＿＿月＿＿＿日起解除，解除当月起，乙方不再享有协议书中约定的增值分红分配权利。

二、甲方在本协议书解除之日起一个月内，向乙方退还合伙金人民币＿＿＿元，并按《××有限公司合伙人计划实施方案》规定，向乙方支付利息补偿或增值分红人民币＿＿＿元。乙方收款后，双方就协议书而产生的债权债务终结。

三、本协议一式两份，双方各执壹份，自双方签字或盖章之日起生效，均具有同等的法律效力。

甲方(盖章)：××有限公司　　　　　乙方(签字)：

代表签字：　　　　　　　　　　　　身份证号码：

日期：　年　月　日　　　　　　　　日期：　年　月　日

案例4.21 关于终止××有限公司合伙人计划的申请书

本人_____由于个人原因,特向××有限公司(下简称公司)申请解除本人与公司签订的《××有限公司合伙人出资协议书》,解除生效时间为___年___月___日,本人清楚并确认解除生效之日起,不再享有公司的增值分红分配,相关的利息补偿按照《××有限公司合伙人计划实施方案》的规定执行。

申请人:

身份证号码:

申请时间: 年 月 日

第五章

合伙人股权的设计

——婚姻模式,融资融智

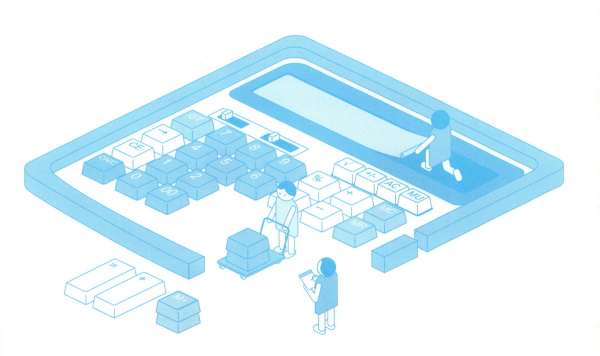

案例5.1 梁山泊的股权之路

梁山泊,位于今天的山东境内,港汉纵横数千条、四方水域八百里。一部《水浒传》名扬天下,水浒英雄举世闻名。当年梁山好汉正是凭借水泊天险开始创业的。

大家知道,梁山泊早期的山大王是王伦、杜迁和宋万,占股比例分别为51%、25%和24%(注:模拟下),王伦控股成为梁山泊首任董事长,三人合股相安无事。

随后林冲被高俅所害而逼上梁山。王伦因为心胸狭窄,屡次刁难前来投奔的林冲、晁盖等人,后来在晁盖的送行宴上,被林冲火并。接着,宋江、吴用、公孙胜等陆续加盟梁山泊而成为主要股东,这时的股权结构是晁盖51%,为第一大股东;二股东宋江为34%;其他股东占比15%。同年,梁山泊召开了第二届股东大会,选举晁盖为董事长。

后来大股东晁盖在三打祝家庄时意外身亡。二股东宋江接手晁盖的部分股份后,成为第一大股东,占股高达67%。同时随着梁山泊股东越来越多,超过了200人,为了上市考虑宋江设定梁山泊股东人数为108,并代持其他人的股份。

好景不长,大宋朝廷(董事长为赵佶,家大业大)出面来"招安",这也可以视为现代版的"收购"。梁山泊被收购之后,宋江成为大宋朝廷的股东之一,失去控股地位。此时的股权结构为赵佶占股90%,蔡京、高俅与宋江等占股10%。梁山泊的股权变化历程如图5.1所示。

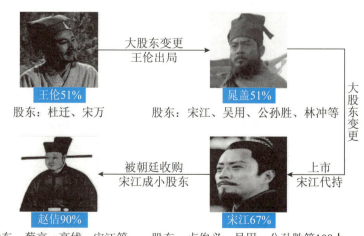

图5.1 梁山泊的股权变化历程

宋江含辛茹苦把梁山泊发展壮大，直至上市，但被大宋王朝收购后，成为可有可无的小股东，这真是把"把孩子养大，叫别人爹"的经典案例啊！

梁山泊的故事也被视为我国历史上最有特点的股权发展史，充分体现了股权架构的复杂性，也说明了股权架构是企业的顶层设计。一切不懂股权架构设计的创业，都是在耍流氓！

第一节 股权架构的设计

案例5.2　王宝强离婚前的股权架构布局

2016年8月著名演员王宝强公开发表声明，称前妻马蓉与王宝强经纪人宋喆存在不正当两性关系，因此决定与马蓉解除婚姻关系。顿时一石激起千层浪，社会舆论一边倒地声援王宝强的决定。其实"傻根"不"傻"，我们从王宝强股权架构布局，可以略知一二。

1. 2010年8月20日北京宝亿嵘影业有限公司成立，该公司是运营王宝强演艺事业的平台公司。公司成立时股权结构：马蓉90%、王建永10%，王宝强未出现在股东名册上，笔者猜想可能王与马之间存在股权代持关系。

2. 2016年3月25日，公司进行工商变更，王宝强加入成为公司自然人股东，如表5.1所示。

表5.1　北京宝亿嵘影业有限公司第一次股权变更

变更前		变更后	
姓名/名称	投资人类型	姓名/名称	投资人类型
马蓉	自然人股东	王宝强	自然人股东
任晓妍	自然人股东	任晓妍	自然人股东
		宋喆	自然人股东

3. 2016年4月19日，公司股权架构进一步变更成自然人股东王宝强和法人股东共青城宝亿嵘投资管理合伙企业(有限合伙)，如表5.2所示。

表5.2　北京宝亿嵘影业有限公司第二次股权变更

变更前		变更后	
姓名/名称	投资人类型	姓名/名称	投资人类型
王宝强	自然人股东	共青城宝亿嵘投资管理合伙企业(有限合伙)	法人股东
任晓妍	自然人股东		
宋喆	自然人股东	王宝强	自然人股东

至此，王宝强通过合伙企业的形式100%控制了公司，持股平台中宋喆的份额全部转给马蓉。变更后的合伙企业的股权架构：王宝强37.5%、任晓妍31.25%及马蓉31.25%。自此，宋喆完全退出，而马蓉仅在合伙企业中持有31.25%份额，没有表决权。我们可以看出，王宝强拥有北京宝亿嵘影业有限公司的股份为40.625%=5%+95%×37.5%，如图5.2所示。

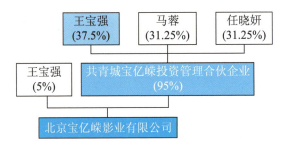

图5.2　北京宝亿嵘影业有限公司股权结构

从图5.2可以看出，在共青城宝亿嵘投资管理合伙企业(有限合伙)中，王宝强与马蓉的股份相近，分别是37.5%和31.25%，谁说得算呢？笔者查询了工商登记信息(见图5.3)，表明王宝强是该合伙企业的执行事务合伙人，即我们通常所说的GP；而马蓉与任晓妍为LP。

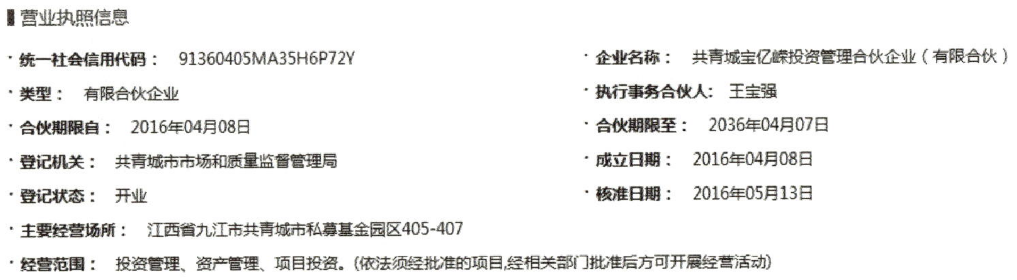

▍营业执照信息

- 统一社会信用代码：　91360405MA35H6P72Y
- 类型：　有限合伙企业
- 合伙期限自：　2016年04月08日
- 登记机关：　共青城市市场和质量监督管理局
- 登记状态：　开业
- 主要经营场所：　江西省九江市共青城市私募基金园区405-407
- 经营范围：　投资管理、资产管理、项目投资。(依法须经批准的项目，经相关部门批准后方可开展经营活动)
- 企业名称：　共青城宝亿嵘投资管理合伙企业（有限合伙）
- 执行事务合伙人：　王宝强
- 合伙期限至：　2036年04月07日
- 成立日期：　2016年04月08日
- 核准日期：　2016年05月13日

图5.3　共青城宝亿嵘投资管理合伙企业(有限合伙)股权结构

笔者认为，从王宝强公司历次股东变更可以看出，王宝强对公司的控制权从根本上说并非来自工商登记,而是王宝强自身的核心资源以及不可替代性。即王宝强离开公司随时可以另起炉灶;而公司离开王宝强就一文不值了。

从案例5.2中,我们知道股权架构设计是公司的顶层设计。企业的技术或运营出点问题,可以换个模式甚至换人。但是企业的股权架构出问题呢?会导致创始人对企业失控或出局,或者合伙人内讧,合伙人与投资人没法进入,或者企业决策效率低下。

笔者认为科学的股权架构设计可以解决如下问题。

1. 明晰合伙人的权责利。合伙创业需要讲情怀,但最终是要实现利益的,怎么能够体现各自的利益和价值,那就是股权架构与股权占比。

2. 有助于创业公司的稳定。在创业的时候可能是同学、兄弟、闺蜜;大家觉得,谈股份易受伤,先做下去,把事情做成了再说。这种情况必定会出现问题,因为在刚开始关系好的时候,大家都不能好好谈,出现问题肯定更不能好好谈,最终的结果是创业项目受到影响。

3. 影响公司的控制权。因为股权分配导致的创业失败一般都是控制权的问题,如果他们的股份占比能形成一个核心的控制权,争议完全可以避免。

4. 方便融资。现在投资人跟你谈投资的时候,会关注你的产品,关注你的情怀,关注你的进展,也一定会关注你的股权架构合不合理。

5. 进入资本市场的必要条件。相信每个创业者的创业项目都有IPO这个目标,只要IPO,资本市场就一定要求企业的股权结构要明晰、合理。

另外,科学的股权架构设计需要考虑4个层面的问题,如图5.4所示。

图5.4 股权设计应注意的4个层面

1. 股东层面:涉及股权激励方案的审批、股份来源、股权转让、股权融资等，属于顶层设计的范畴。

2. 法律层面：涉及公司法、合伙企业法、证监会相关规定、个人所得税法等。

3. 财税层面：涉及合伙人估值、个税核算等。

4. HR层面：涉及股权激励方案的起草、合伙人的选拔、考核及退出等。

一、融资前的股权架构设计

融资前是指企业初创时或天使轮未完成前，是最易产生矛盾与纠纷的阶段。这时企业的股权架构雏形已形成，主要涉及2人合伙、3人合伙、4人及以上合伙等类型。笔者重点说下3人合伙与5人合伙应注意的事项。

（一）3个人合伙：315模型

"3"是指3个股东合伙人，这是最理想的股权架构。

"1"是指一股独大，其中一个合伙人就是带头大哥。公司初创的时候，合伙人之间没有太大的矛盾与冲突，就像打乒乓球，球过来必须得打，球就是问题，问题出现了你就必须去解决。

一旦公司走上正轨时就各怀心事，就像打高尔夫，没人跟你对着打，你朝哪儿打，你打多远，都取决于你自己的决定，这时是非常考验能力的。

"5"是指带头大哥的股份必须超过50%。最忌讳的是平均分配股份，3个人各33%。

（二）5个人合伙

案例5.3 5个人合伙，股权架构如何设计才合理？

甲乙丙丁戊五个股东合伙创立了软件A公司，注册资金100万元。股东甲原就职于IBM公司，熟悉物流软件开发与市场，拥有大量客户，在业内有一定的知名度，是A公司的创始人。股东乙和丙是甲的原来下属，被甲的人格魅力所吸引而加入A公司，是全职工作。股东丁是股东甲多年的朋友，在软件协会工作，因工作比较轻松经常来A公司帮忙。而股东戊是甲投行方面的朋友，很看好甲的人品及A公司，打算投资进入A公司。五个股东合伙人均愿意现金出资，并约定股东丁与戊为投资人，不参与A公司具体的经营管理，他们的出资情况与股权架构如表5.3所示。

表5.3　A公司的股东出资与股权架构

股东＼内容	工作性质	出资	股份比例	是否参与经营管理
甲	全职	40万元	40%	参与
乙	全职	5万元	5%	参与
丙	全职	5万元	5%	参与
丁	兼职	10万元	10%	不参与
戊	投资人	40万元	40%	不参与

对此，股东甲对A公司的发展信心十足，但令他头疼的是股权架构如何设计？他担心合作不好，会伤了和气。股东甲带着这些困惑在公开课上请教了笔者，笔者请他思考并回答如下问题。

1. 谁是核心大股东？在团队里谁说了算？同股可以不同权吗？同股可以不同利吗？

2. 如何调动股东们的积极性？

3. 在创业团队中，甲乙丙三个合伙人应不应该拿工资、提成与奖励？

4. 假如企业经营不善，一年后需要重新出资，应按什么比例出资？不出资又如何处理？假如在创业的一年内合伙人认为公司的前景不好，要退股，怎么办？

进而笔者与A公司的全体股东沟通过后，达成如下的落地方案：

首先，确定股东甲乙丙三人为A公司的经营管理层，丁戊为投资人。按照同股不同权、同股不同利的原则，确定经营管理层与投资人的分红规则见表5.4，分红采取累进提成法。

本案例中假设A公司净利润的70%用于分红，30%用于A公司的发展。

表5.4　分红规则

可分红的净利润	经营管理层分红比例	投资人分红比例
35万以下	30%	70%
35万(含)～50万	40%	60%
50万(含)～70万	50%	50%
70万(含)～90万	60%	40%
90万(含)以上	70%	30%

其次，进行分红匡算。假如2016年A公司净利润为60万元，可分红的部分为42万元，则经营管理层分红＝35万元×30%+7万元×40%＝13.3万元。投资人分红为28.7万元，其中投资人戊可得分红＝28.7万×40%＝11.48万元。

假如2017年公司A净利润为80万元，可分红的部分为56万元，则经营管理层分红＝35万元×30%+15万元×40%+6万元×50%＝19.5万元。投资人分红为36.5万元，其中投资人戊可得分红＝36.5万×40%＝14.6万元。

在本案例中，股东甲乙丙三人为全职，出钱同时出力，付出努力与艰辛可想而知；而丁和戊两人为兼职或投资人，出钱而不参与经营管理，享受分红而已。

经过两年的发展，A公司的投资人分红由28.7万元增加至36.5万元，变化不大，但年投资回报率超过30%，远超其他项目的投资(通常情况下是12%以内)。而以甲为核心的经营管理层分红则由13.3万元增加至19.5万元，增幅高达46.6%，充分验证这套股权方案能激励经营管理层不断努力，从而导致A公司净利润不断提升。

为了保证A公司治理结构合理，全体股东可以约定如下条款：

1. 鉴于股东丁身份特殊，不便在工商注册，因此丁的股份由股东甲代持。

2. 股东戊与股东甲签订一致行动人计划，把投票权委托股东甲行使。因此股东戊定位成财务投资人或战略投资人。

3. A公司注册资金全部到位后，经过两年的发展公司须追加投资时，全体股东应按照各自持股比例追加投资；不愿意出资的，则其股权比例调整＝(实际出资金额+追加投资的金额)/最新的注册资金总额。

4. 选举甲股东为A公司的董事长兼总经理，法定代表人，任期为5年，任期届满后可连选连任。任职期间，股东会不得无故解除其职务。

5. 财务公开，A公司每年拿出净利润的70%用来分红，并在第二年春节前完成，股东领到分红后个税自理，A公司负责代扣代缴。财务负责人须在每季度的4日前将财务三张报表送达各位股东。如果股东对财务报表有异议，可以请外部会计师事务所进行审计；如存在财务问题，审计费用由股东甲承担，否则由送审股东承担。

6. 为保证创业项目稳定，全体股东同意在A公司持续经营的3年内，任何一方未经其他股东同意，不得向他人转让、赠予、质押，或以信托或其他方式，对其所持有的A公司股权进行处置或在其上设置第三人权利。

7. 对于股东乙和丙两人，在A公司持续经营的3年内，因能力精力或其他原因不能胜任项目发展的需要，由全体股东表决通过后，与该股东解除合伙关系，该股东之前的投资款全额带息退出，年利息为5%。对于退股股东原有股份的回购比例问题，原则上按剩余股东持股比例购买，如个别股东放弃优先购买权，则股东甲负责购买。

8. 对于股东丁和戊两人，在A公司持续经营的3年内退股，该股东之前的投资款以1:1.2(净利润在100万以下时)或1:1.5(净利润在100万以上时)溢价退出，溢价部分由股东甲兜底支付。3年以上退股规定，待A公司渡过生存期后另行规定。

9. 鉴于甲股东对A公司的重要性，全体股东同意如果甲股东因故在3年内退出，A公司按0元回购其股份。另外A公司对甲股东在3年内投入的精力与加班费不做任何补偿，并且不再享受公司任何的分红与其他收益。

俗话说得好："皮之不存，毛将焉附。"因为甲股东退股，导致股东丁的代持自然终止，同样股东戊与股东甲达成的一致行动人计划也就失效。所以全体股东约定如果甲股东退股事件触发，则导致A公司的解散及清算。

10. 全体股东约定，3年后再对表5.4的分红规则进行适应性修订。

二、融资后的股权架构设计

融资后是指企业获得天使轮或A轮资金后的股权架构，这时企业走出了生存期，面临着快速发展过程中资金短缺的问题，这时投资人走上了历史的舞台。

案例5.4 合伙人投资200万，占10%的股份，需要扩股多少？

(一) 第一轮融资：天使B投入200万元

2013年8月甲乙丙三人成立一家连锁公司A，注册资金为50万元，1元/股，共50万股，三个股东均分股份。2014年9月公司A为了加快全国布局建立信息化网络，拟向天使B融资200万元，出让10%的股份。问公司A应向B发行多少股份？

我们可以计算出，天使B获得的股份=50万÷(1-10%)×10%=55 555.6股，如表5.5所示。

表5.5 天使B投资200万元对应的持股数

股东 \ 内容	股份	第一轮融资(天使轮)200万元后的拟注册资金	持股比例	资本公积金
甲	50/3万股	250万元×30%=75万元	30%	—
乙	50/3万股	75万元	30%	—
丙	50/3万股	75万元	30%	—
天使B	55 555.6股	250万元×10%=25万元	10%	175万元
合计	555 555.6股	250万元	100%	175万元

公司A融资200万元后，注册资金由原来的50万调整到250万，相当于甲乙丙合伙人各出资75万元(250万元×30%)，天使B出资25万元(250万元×10%)。

增资扩股是指企业向社会募集股份、发行股票、新股东投资入股或原股东增加投资扩大股权，从而增加企业的资本金。在本案例中，公司A新增200万的注册金，新增扩股为55 555.6股。公司的股价为4.5元/股(250万元÷555 555.6)。

此时甲合伙人的净值或账面价值为75万元(50/3万×4.5)，比一年前公司A刚成立时增长了350%[(75万-50/3万)÷50/3万]!

(二)第二轮融资：A轮融资2000万元

2014年底，公司A决定加速发展和引进外部投资者，经全体股东同意，同比例扩股4.5倍，例如甲合伙人持股数由50/3万股扩大至75万股，仍然4.5元/股。

2015年公司A全体股东同意，进行A轮融资2000万元用于广州物流基地建设，出让20%股份。此时公司A需向A轮投资者发行62.5万股[250万股÷(1-20%)×20%]，如表5.6所示。

表5.6 A轮融资2000万元对应的持股数

股东 \ 内容	股份	第二轮融资(A轮)2000万元后的拟注册资金	持股比例	资本公积金
甲	75万股	540万元	24%	—
乙	75万股	540万元	24%	—
丙	75万股	540万元	24%	—
天使B	25万股	180万元	8%	175万元
A轮	62.5万股	450万元	20%	1550万元
合计	312.5万股	2250万元	100%	1725万元

经公司A全体股东同意，资本公积金的750万元转增注册资金，即公司A的注册资金由2250万元增资至3000万元。至此公司A第二轮的增资扩股已完

成，股权结构如表5.7所示。

表5.7 公司A的股权结构

股东 \ 内容	目前股份	目前注册资金	持股比例	资本公积金
甲	75万股	720万元	24%	尚剩余 975万元
乙	75万股	720万元	24%	
丙	75万股	720万元	24%	
天使B	25万股	240万元	8%	
A轮	62.5万股	600万元	20%	
合计	312.5万股	3000万元	100%	975万元

经过第二轮融资，公司A股价为9.6元/股(3000万元÷312.5万股)，股价溢价53%[(9.6-4.5)÷9.6]。甲合伙人的净值或账面价值为720万元(75万×9.6)。另外公司A的估值为1亿元(2000万元÷20%)，此时甲合伙人的估值为2400万元(1亿元×75万股÷312.5万股)，即公司A估值的股价为32元/股(1亿元÷312.5万股)。

第二节
股权控制权的设计

案例5.5 俏江南是如何失去控制权的？

1990年，张兰创办了俏江南。张兰的梦想是把俏江南打造成"餐饮业中的LV"，据说俏江南单店成本超过了1000万元，需要3~4年回收成本，资金压力可见一斑。

2008年，张兰引入国内知名投行鼎晖投资，鼎晖出资2亿元占10.53%股份，当时俏江南的注册资金仅为1400万元，但估值却达19亿元。对张兰来说，是一笔不错的买卖。但老道的鼎晖要求与张兰签署对赌协议，规定如果俏江南不能在2012年实现上市，张兰则需要花高价从鼎晖投资手中回购股份。

2011年3月，俏江南开启国内A股上市计划。但由于餐饮业普通存在的财务不规范(如不开发票)和管理不规范(如不给员工买社保)等问题，中国证监会暂停了餐饮业的IPO，张兰的A股上市泡汤。

2012年2月，张兰把目光转向香港资本市场。为了享受香港10%的个人所得税优惠，张兰移民加勒比岛国。可就在香港上市前夕，张兰身为政协委员而移民海外的消息不胫而走，使得香港上市计划被叫停。

2012年12月，中央出台"八项规定"，对于定位成高端餐饮的俏江南而言，无疑是雪上加霜。

2014年4月，欧洲最大的私募基金CVC以3亿美元收购俏江南82.7%的股份。CVC收购俏江南投资有限公司82.7%的股权，剩余股权是张兰持有13.8%，员工持股3.5%。这是张兰为了履行与鼎晖签订的回购计划而不得不出售俏江南的股份，至此鼎晖基金全身而退，如图5.5所示。

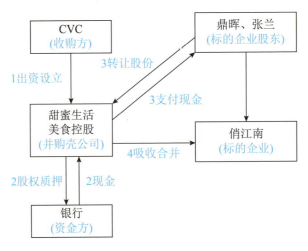

图5.5　CVC收购俏江南流程

在俏江南的案例中，创始股东如何才能不失去对公司的控制权？如何预防"把孩子养大，叫别人爹"的现象？笔者认为创始股东可以借鉴的思路如下。

1. 创始股东在引进资金时，通过股份转让还是通过增资扩股方式比较好？前者是做存量，股份越卖越少；而后者是做增量，可以减缓股份稀释的速度。无论哪种方式引进股东，忌讳的是一次性稀释较大股份，让自己成为小股东。

2. 引进股东时需要考虑其目的：引进的股东是战略投资者、财务投资者还是要参与经营？

3. 对要引进的股东做尽职调查。避免一次引进多个互相熟悉的股东，预防他们成为一致行动人。

4. 创始股东要善于利用公司章程来确定自己的控制权。对于公司章程，尽量不要使用工商局提供的模板。

更进一步来说，对于企业的创始股东或第一大股东而言，企业控制权主要体现在三个方面：股权层面、董事会层面和实际控制层面，如表5.8所示。

表5.8 企业控制权的三个层面

控制层面	控制内容	操作重点	规避情形
股权	绝对控股、相对控股、一票否决	67%，51%，34%	50%：50%；40%：40%：20%；50%：40%：10%
	股权与投票权分离	一致行动人协议、投票权委托、股权代持等方式	平衡好融资节奏与创始股东股份被稀释之间的关系
董事会	董事会席位	创始股东对董事会半数以上席位的提名与控制	避免创始股东对董事会失控
实际控制	日常经营管理	创始股东兼任企业法定代表人、董事长	避免企业公章、法人章、营业执照、财务资金等失控

一、间接控制

间接控制是指在主体公司之外，新成立一家或多家持股平台(可以是公司或合伙企业)，把所激励的对象放在持股平台里，由持股平台持有主体公司股份的操作手法。

案例5.6 黄光裕与陈晓之争可以规避吗？

2006年7月，黄光裕收购了陈晓的永乐电器，陈晓同时进入国美电器担任总裁。2009年1月黄光裕因被拘辞去国美董事会主席之职，陈晓接任开始"去黄化"。2010年5月18日北京市第二中级人民法院判处黄光裕有期徒刑14年，于是黄陈股权之争开始浮出水面，如图5.6所示。

入狱前黄光裕持有国美电器33.98%的股份，陈晓则为1.47%。陈晓为了激励管理层，提出股权激励与增持股份的方案，但遭到了黄光裕的强烈反对。

图5.6 黄光裕与陈晓的股权之争

至此，黄、陈对国美的控制权之争瞬间白热化，笔者梳理了比电视连续剧更精彩的黄光裕与陈晓两大阵营的历次交锋，如表5.9如示。

表5.9 黄光裕与陈晓两大阵营的股权争夺战

主角 回合	黄光裕	陈晓
第一回合	2010年8月4日：黄光裕提出举行临时股东大会等5项动议，内容包括撤销陈晓的公司职务，更换执行董事等	2010年8月5日：国美公告，将对黄光裕进行法律起诉。国美董事会致信员工：反对黄光裕要求
第二回合	2010年8月9日：黄光裕二妹黄燕虹指责陈晓	2010年8月12日：国美5高管表态支持董事会
第三回合	2010年8月18日：黄光裕公开指责陈晓乘人之危，阴谋勾结外资，企图变国美电器为美国电器	2010年8月19日：国美回应，解释引入外资贝恩、关闭低效益门店、实行期权激励计划等诸多问题
第四回合	2010年9月3日：黄光裕方斥资4亿港元购1.77亿股，增持国美股份至接近36%	2010年8月24日：陈晓率领高管到美国、英国等地与机构投资者进行增发股票路演，沟通投票的问题
第五回合	2010年9月15日：黄光裕代理人邹晓春也释放出"只反陈晓、不反贝恩"的态度。但由于贝恩的加入，黄光裕的股权被稀释到32.47%	2010年9月16日：已成第二大股东的美国贝恩表示，将支持国美董事会和管理层
决战股东大会	2010年9月28日：除了撤销增发股票等通过外，黄光裕其他决议被否决，收获是：大股东的股份免被摊薄	2010年9月28日：陈晓等得以留任董事局主席，但配股增股等无法实现，无法摊薄大股东股份
陈晓出局	2011年3月：中大电器创办人张大中出任国美电器董事会主席	2011年3月，陈晓辞去国美电器董事会主席

假如当年的黄光裕在国美电器之外成立一家新公司C，股东就黄、陈两人，占比分别为85.3%和14.7%，股份来源为黄光裕所持国美电器的8.53%和陈晓的1.47%。新公司C作为持股平台持有国美电器10%的股份。这样，黄光裕直接持股就会由原来的33.98%降至25.45%，间接持股为8.53%。

通过双层公司架构的股权布局，陈晓就不可能与国美电器有直接的关系了，因为他在新公司股份仅为14.7%，所提出的任何方案都需黄光裕同意(超过2/3)，包括新公司申请国美电器召开股东大会的提案等。

但这种股权的布局也有其弊端，即双重交税。假如陈晓卖掉新公司C的股份，应缴企业所得税和个人所得税；假如他卖掉国美电器的股份，则只需缴纳个人所得税。

二、投票权委托

案例5.7 腾讯是京东第一大股东，为何影响不了刘强东的控制权？

截止到2016年8月19日，腾讯通过3次增持京东股票而成为第一大股东，占股21.25%，而刘强东以18.2%股份比例，成为第二大股东。

按照协议，腾讯把其所持有的京东股票的投票权的大部分(17.25%)委托给刘强东行使。于是，腾讯投票权4%，而刘强东超过了80%，如图5.7所示。

占股21.25%
投票权4%

 VS

占股18.2%
投票权超80%

腾讯　　　京东

图5.7　腾讯与刘强东股权对比

我们可以看出，腾讯虽然是京东的第一大股东，丝毫不影响刘强东对京东的绝对控制权。从某种意义上来说，腾讯更多扮演了财务或战略投资人的角色。

投票权委托指公司部分股东通过协议约定，将其投票权委托给其他特定股东

(如创始股东)行使。例如京东在上市前，股权比例为23%，但老虎基金、腾讯、高瓴资本、今日资本等11家投资人将其投票权委托给了刘强东团队行使。上市后，刘强东团队虽然持股20%却拥有了83.7%的投票权。具体如图5.8所示。

股东	2014年上市前股权比例	2014年上市后股权比例	2014年上市前投票比例	2014年上市后投票比例
刘强东团队	23%	20%	56%	83.70%
老虎基金	22%	16%	18%	3.20%
腾讯	17%	18%	14%	3.70%
高瓴资本	16%	11%	13%	2.30%
俄罗斯DST	11%	8%	9%	1.60%
今日资本	9%	7.8%	8%	1.40%
红杉资本	2%	1%	2%	0.3%

图5.8 京东上市前后股权比例与投票权比例的对比

其实，阿里巴巴也存在投票权委托的安排，马云在上市前所占股比为8.8%，管理层总计14.6%；软银34%；雅虎22%。马云等与软银和雅虎通过投票权委托协议约定，取得软银(其中超出30%的部分)和雅虎(最多1.2亿股)委托的投票权，从而实现了阿里巴巴上市前，软银和雅虎总计投票权不超过49.9%的最终目的。

三、一致行动协议

案例5.8 腾讯是国外控股的公司吗？

南非MIH公司持有腾讯公司33.51%的股份，是第一大股东。马化腾持股仅为9.1%，但南非MIH公司基于信任将投票权让渡给马化腾。截止至2015年12月31日，腾讯公司持股超过5%的股东名单如图5.9所示。

我们不难分析，虽然南非MIH公司是腾迅公司的第一大股东，但它从买入腾讯公司的股份开始，只拿分红，从未减持。从这个意义上来说，南非MIH公司真是天底下最好的甩手掌柜，也是最佳的战略合伙人与财务投资人。

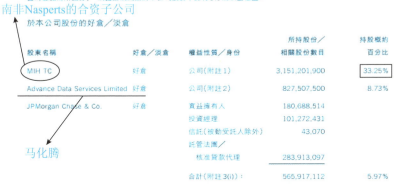

图5.9 腾讯公司持股超5%的股东名单

奥秘在哪？就在马化腾实行的"一致行动协议"。

我们沿着股权这条主线，再深入研究下南非MIH公司的股权投资图谱，我们会有惊人的发现，居然腾讯公司与中国工商银行有某种意义上的交集，如图5.10所示。

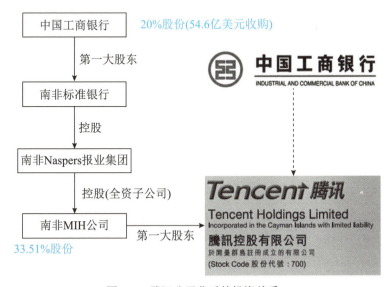

图5.10 腾讯公司背后的投资关系

一致行动人指通过协议约定，某些股东就特定事项采取一致行动。意见不一致时，某些股东跟随一致行动人投票。比如，创始股东之间、创始股东和投资人之间就可以通过签署一致行动人协议加大创始股东的投票权权重。一致行动协议内容通常体现为一致行动人同意在其作为公司股东期间，在行使提案权、表决权等股东权利时做出相同的意思表示，以其中某方意见作为一致行动的意见，以巩固该方在公司中的控制地位。

我国上市公司对于一致行动人有详细的规定。即在上市公司的收购及相关股份权益变动活动中有一致行动情形的投资者，互为一致行动人。如无相反证据，投资者有下列情形之一的，为一致行动人：

1. 投资者之间有股权控制关系；

2. 投资者受同一主体控制；

3. 投资者的董事、监事或者高级管理人员中的主要成员，同时在另一个投资者担任董事、监事或者高级管理人员；

4. 投资者参股另一投资者，可以对参股公司的重大决策产生重大影响；

5. 银行以外的其他法人、其他组织和自然人为投资者取得相关股份提供融资安排；

6. 投资者之间存在合伙、合作、联营等其他经济利益关系；

7. 持有投资者30%以上股份的自然人，与投资者持有同一上市公司股份；

8. 在投资者任职的董事、监事及高级管理人员，与投资者持有同一上市公司股份；

9. 持有投资者30%以上股份的自然人和在投资者任职的董事、监事及高级管理人员，其父母、配偶、子女及其配偶、配偶的父母、兄弟姐妹及其配偶、配偶的兄弟姐妹及其配偶等亲属，与投资者持有同一上市公司股份；

10. 在上市公司任职的董事、监事、高级管理人员及其前项所述亲属同时持有本公司股份的，或者与其自己或者其前项所述亲属直接或者间接控制的企业同时持有本公司股份；

11. 上市公司董事、监事、高级管理人员和员工与其所控制或者委托的法人或者其他组织持有本公司股份；

12. 投资者之间具有其他关联关系。

四、AB股架构

案例5.9 Google公司的AB股架构，确保创始人不出局

Google公司在上市前将股票分为A、B两类，向所有外部投资人发行的均为A类股，即每股只有1个投票权，哪怕对公司上市后的投资者也是如此。而Google的创始人和高管则持有每股对应10个投票权的B类股。Google公司的两位共同创始人佩奇和布林，加上CEO施密特一共持有Google公司大约三分之一的B类股票，牢牢控制Google公司的决策权，如图5.11所示。

A股：普通股
B股：战略股（创始股）
拉里·佩奇　谢尔盖·布林　C股：分红股（无投票权）

图5.11　Google公司的AB股架构

如果公司使用境外架构，还可以用"AB股架构"(或"牛卡计划"，或"双股权架构")(dual-class structure)，实际上就是"同股不同权"制度。其主要内容包括：

公司股票区分为A序列普通股(Class A common stock)与B序列普通股(Class B common stock)，两者之间的区别如下：

A序列普通股通常由机构投资人与公众股东持有，B序列普通股通常由创业团队持有；

A序列普通股与B序列普通股设定不同的投票权。

为了保护创始股东的权益，Facebook公司在上市前使用了投票权1：10的AB股模式，这样扎克伯格一人就拥有28.2%的表决权。此外，扎克伯格还和主要股东签订了表决权代理协议，在特定情况下，扎克伯格可代表这些股东行使表决权，这意味着他掌握了56.9%的表决权。近些年，在美国上市的京东、聚美优

品、陌陌等大部分中国概念股都采取了这种AB股制度。

总之，AB股架构从本质上来说是用最少的钱，办最大的事。在实操中，双层或三层股权架构能否实施，唯一的决定因素就是创始人和投资人谁更牛。

虽然AB股架构打破了"同股同权"(指一家公司的全体股东，都享有同等的收益权、企业经营重大事项决策权、流通权等)的平衡，但也存在极大的风险。一是我国公司法倡导"同股同权"，不承认此架构；二是决策的风险，例如在企业决策正确的前提下，大家相安无事，但是如果创始人团队决策失误，相当于其他的股东，或大股东都成了决策失误的"陪葬品"。

五、控制董事会

案例5.10　刘强东如何控制董事会？

2014年3月，腾讯向京东注资2.15亿美元获15%股份。而在董事会层面上，腾讯委派刘炽平为京东的董事。

2014年5月，京东在美国纳斯达克证券交易所正式挂牌上市。京东上市前的董事会构成：京东的董事会为9人，老虎基金、Best Alliance、Strong Desire以及DCM分别有权任命一名董事，而刘强东及管理团队则有权任命5名董事，并且有权任命董事会主席。

从董事会席位来看，刘强东及其管理团队与其他股东在董事会的投票权为5∶4，刘强东在董事会的投票权超过半数，在董事会重大问题的决策上刘强东团队拥有主导权。这样刘强东团队在董事会与股东会都有绝对的发言权，从而牢牢把握公司的控制权。

公司的日常经营事项，主要由公司董事(会)来决定。一般情况下，公司很少需要开股东会，所以也很少通过股东会的控制权来参与公司日常经营，只是在重大事件(如：修改章程、进行融资)的时候才召集一次股东会，或者要求股东签署决议等文件。所以，如果控制了董事会，也就控制了公司的日常经营管理。核心创始人可以占有公司董事会的大部分席位，以保障决策效果和决策效率。

根据《公司法》第111条的规定,股份有限公司董事会决议必须经全体董事过半数通过。但《公司法》未对有限责任公司董事会决议的通过规则作统一要求,授权公司章程自行决定。

结论:对于股东会与董事会的顶层决策需要控制;对于需要发挥人的天性与创意的底层运营需要失控。一家公司,只有控制,公司才有主人,才有方向。只有失控,公司才能走出创始人的局限性和短板,具备爆发性裂变的基因和可能性。控制中有失控,失控中有控制。

第三节 股权激励的设计

案例5.11 杭锅股份(002534.SZ)的股权激励计划

2016年1月杭锅股份(002534.SZ)发布公告,将向符合条件的142名激励对象授予1192万股限制性股票。本次限制性股票的授予情况具体如下:

1. 本次实施股权激励的方式系限制性股票。
2. 公司将通过向激励对象定向发行股票作为激励对象获授限制性股票的来源。
3. 本次授予的激励对象共142人,包括公司董事、中高层管理人员、核心技术(业务)人员以及公司董事会认为需要进行激励的相关员工。
4. 公司本次限制性股票的授予日为2016年1月26日。
5. 公司本次授予激励对象限制性股票的价格为9.03元/股。
6. 本次拟向激励对象授予限制性股票1192万股,涉及的标的股票种类为人民币A股普通股,占公司目前股本总额40 052万股的2.98%。

另外,杭锅股份披露其限制性股票激励计划解锁业绩考核目标,如表5.10所示。

表5.10 杭锅股份限制性股票行权解锁条件

解锁期	业绩考核目标
第1期解锁	2016年归属于上市公司股东的净利润18 000万元或公司市值在2016年度任意连续20个交易日达到或超过100亿元

(续表)

第2期解锁	2017年归属于上市公司股东的净利润20 000万元或公司市值在2017年度任意连续20个交易日达到或超过120亿元
第3期解锁	2018年归属于上市公司股东的净利润22 000万元或公司市值在2018年度任意连续20个交易日达到或超过150亿元
第4期解锁	2019年归属于上市公司股东的净利润24 000万元或公司市值在2019年度任意连续20个交易日达到或超过180亿元

杭锅股份本次激励计划的行权条件包括净利润与市值指标。净利润指标反映未来能带给股东的可分配利润的实现情况，用以衡量公司盈利能力的成长指标体系；市值指标直接反映了股东二级市场获益情况，能够树立较好的资本市场形象。从目前资本市场800多家规范股权激励案例来看，敢于使用"市值"作为考核指标的上市公司寥寥无几。

截止到2015年12月31日，杭锅股份收盘后的市值为79.47亿元，公司2016年的市值目标为任意连续20个交易日达到或超过100亿元，按照目前的总股本41 244万股来计算，需要连续20个交易日股价保持在24.25元及以上。

2015年6月17日，杭锅股份达到历史最高点股价33.98元；截止到2016年11月30日，股价最高为17.45元。因此对于杭锅股份的员工来说，行权之路遥遥无期。

《旧唐书》云："财聚人散，财散人聚。"2015年《财富》杂志报道："世界500强超过85%的企业使用了股权激励。"那么什么是股权激励呢？

股权激励是指员工通过获得企业股权的方式，享有一定的经济权利，能够以股东的身份参与企业的经营决策、分享利润和承担风险，从而勤勉尽职地为企业长期发展服务的一种激励方式。

而股权激励的最终目的并非仅仅在于培养多少个股东，而更在于打造了多少个像老板一样思考和行动的小老板、合伙人。

一、股权激励的类型

(一) 股票期权(Stock Options)

股票期权指上市公司给予企业高级管理人员和技术骨干在一定期限内以一

种事先约定的价格购买公司普通股的权利。它是目前企业使用最广的股权激励计划。

(二) 限制性股票(Restricted Stock)

限制性股票指上市公司按照预先确定的条件授予激励对象一定数量的本公司股票，激励对象只有在工作年限或业绩目标符合股权激励计划规定条件时，才可出售限制性股票并从中获益。

(三) 业绩股票(Performance Stocks)

业绩股票指在年初确定一个较为合理的业绩目标，如果激励对象到年末时达到预定的目标，则公司授予其一定数量的股票或提取一定的奖励基金购买公司股票。业绩股票的流通变现通常有时间和数量限制。激励对象在以后的若干年内经业绩考核通过后可以获准兑现规定比例的业绩股票，如果未能通过业绩考核或出现有损公司的行为、非正常离任等情况，则其未兑现部分的业绩股票将被取消。

(四) 股票增值权(Stock Appreciation Rights)

股票增值权指公司给予激励对象一种权利，激励对象可以在规定时间内获得规定数量的股票股价上升所带来的收益，但不拥有这些股票的所有权，自然也不拥有表决权、配股权。

(五) 虚拟股权(Phantom Stocks)

虚拟股权是指公司授予激励对象一种虚拟的股票，激励对象可以据此享受一定数量的分红权和股价升值收益，但没有所有权，没有表决权，不能转让和出售，在离开企业时自动失效。

在实务中，不同类型的企业应采取不同的股权激励类型，不能搞一刀切。因为这五类股权激励在是否实股、股权是否会被稀释、员工激励的收益、员工是否出资、公司是否出资上有很大的区别。笔者参考了文跃然老师的分类界定，概括成表5.11。

表5.11　五类股权激励的区别

内容\类型	是否实股	股份稀释	激励收益	员工风险	员工现金支出	公司现金支出	评估定价	适用公司类型
股票期权	是	有	增值权	无	有	无	需要	初期资本投入较少，资本增值较快，在资本增值过程中，人力资源增值明显的公司
限制性股票	是	有	分红权投票权增值权	有/无	有/无	无	需要	适合成长及业绩稳定，股价市场波动不大，现金流比较充足，且有分红偏好的公司
业绩股票	是	有	分红权投票权增值权	无	无	有/无	需要	适合业绩稳定，且绩效管理系统成熟的公司
股票增值权	否	无	增值权	无	无	无	需要	适合现金流充裕，且具有较大成长空间的公司
虚拟股权	否	无	分红权增值权	无	无	有	需要	适合业绩增长较快，现金流比较充足的公司

二、股权激励的时机

股权激励的时机选择很重要，即不同的企业发展阶段应采取不同的股权激励模式，在什么山上唱什么歌，这是企业的角度。但笔者认为从资本运作的角度来看股权激励的时机，可能更贴切些，如图5.12所示。

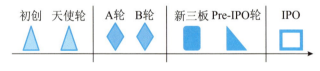

图5.12　股权激励的时机

（一）初创

这一阶段需要考虑的问题包括：创始合伙人团队的搭建、股权的设置；预留后续合伙人股权；大股东代持等问题。

（二）天使轮/A轮/B轮

投资人出资进入企业，一般要求企业做多轮股权激励。这时企业会有增量估值，员工对企业的发展与个人的收入有一个好的预期。

(三) 新三板

需要提前设计持股平台，持股比例也可以放大，要对接后续的IPO计划。

(四) Pro-IPO轮

考虑上市前的融资问题，可以再做一轮股权激励，但要考虑股份支付对企业净利润的影响。

(五) IPO

受上市监管，企业推出的股权激励计划不得超过总股本的10%，主要是对内部管理团队及核心员工的激励。

三、股权激励的步骤

无论是否是上市公司，股权激励一般包括六大步骤，即"六定"法(见图5.13)。

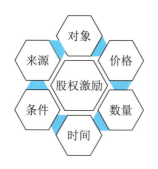

图5.13 股权激励的六大步骤

(一) 定来源

1. 股权转让：总股本不变，即存量股权转让(详见图5.14)，原有股东向激励对象转让一部分股权，例如大股东的股份让渡。

2. 增资扩股：总股本增加，企业向激励对象发行股份，老股东所持比例相应下降，如图5.15所示。

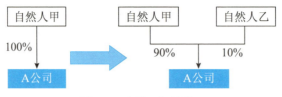

图5.14　存量股权转让

图5.15　增资扩股

3. 回购股份：总股本不变，但鉴于公司的资金实力和现金流状况，仅限上市公司。

(二) 定对象

1. 公司高层：副总经理级。

2. 公司中层：部门经理级。

3. 业务及技术骨干。

4. 历史贡献人员及重要利益相关者。

(三) 定价格

1. 上市公司以股票价格为核算依据；

2. 非上市公司采用净资产计算法、市盈率计算法、注册资金法等。

假如公司授予员工一定数量的股权，可能会出现员工行权时无钱购买的情况。在实务中，可以采取以下的解决办法。

(1) 公司配套资金。当前多数企业的行权资金仍以自己筹措为主，其他方式为辅。例如华菱管线(000932.SZ)规定激励对象的购股资金将由公司和个人按1∶1比例分别承担。公司要求激励对象自筹部分资金的同时，会以股权授予时相应业绩年度的超额净利润为基数，提取一定比例的购股资金。

(2) 信托方式垫资。公司将资金委托给信托公司，信托公司成为信托资金名义上的所有人，公司成为信托的委托人同时也是受益人。信托公司将资金贷给激励对象，激励对象购买公司股票。

在实务中，定价既要考虑员工的历史贡献，更要考虑未来价值。为便于大家的理解，笔者按照员工的工龄和未来价值做了一个定价模型，如表5.12所示。

表5.12 定价模型

工龄	10年	8年	6年	4年	2年内
过往贡献	0.5元/股	0.6元/股	0.7元/股	0.8元/股	1.0元/股
未来价值	0.6元/股	0.7元/股	0.9元/股	1.1元/股	1.3元/股

假如一个员工工龄超过10年，但未来价值不高，公司如何定价？按照定价模型，该员工工龄认购价格为0.5元/股；未来价值1.3元/股，公司确定两者的权重分别为30%和70%。

因此该员工的认购价格＝0.5×30%＋1.3×70%＝1.06(元/股)。

需要注意的是，在认购价格的确定上，老板定游戏规则，要让员工做选择题，不做判断题，因为员工众口难调。

(四) 定数量

1. 确定总量需考虑因素：企业规模大小、业绩目标的设立(需要多大的激励额度)、波动风险的预防(业绩好与不好)、保证大股东对公司的控制权；

2. 动态股权激励：不要一次性分配；根据公司发展历史阶段、未来人才需求、行业变化情况逐年分次释放股权。

案例5.12 股权数量未达高管的预期而上市夭折

某拟上市公司A在股改期间有7个高管(注：备案于IPO资料中)，平均年薪80万元。2013年股改完成，IPO开始报资料。

公司大股东拿出总股本的4%进行股权激励。经测算，该公司高管平均每年分红所得为45万元。而高管们认为大股东应拿出总股本的9%为基数，即预期分红超过年薪，平均可以达到100万元以上。也就是说，高管的预期和大股东的预期相差2倍。

这个股权激励方案推出后，4个高管离职。此时正是IPO报材料的时候，意味着拟上市公司A的核心高管发生重大变化，变动人数超过1/3。按照规定，这个企业3年内都不能再报材料，错过了上市的最佳时间窗口。这就是股权数量未达到高管预期所造成的后果。

无论是主板、中小板还是创业板，企业在A股申请上市，需满足一个条件：最近两或三年董事、高级管理人员没有发生重大变化，实际控制人没有发生变更。但对于何为"重大"变化，各方理解不一。

证监会发审委在审核拟上市公司时，通常会重点关注两个方面，一是关注高管变动原因，重点看变动对公司生产经营、经营战略是否存在重大影响；二是关注具体的岗位，与股东、实际控制人的关系，如果是职业经理人，变化影响较小，如果是公司创始人等，即使是一人变动也会被视为"重大变化"。通常认为，报告期内只要截至期末董事、高管的变化人数达到报告期初董事、高管人数基数的1/3，就认为发生了"重大变化"。

在人员是否发生重大变化的判断中，为什么只有董事和高管而没有监事呢？显然这与这三个团体在公司生产经营中的定位有着直接关系。一般情况下，我们认为董事是公司的决策层级，高管属于公司的执行指挥层级，而监事主要履行公司的监督职能。在一定意义上，监事并不会直接参与公司的生产经营也不会产生重大影响，监事的变动并不会直接影响公司的生产经营，因而在上市条件中并没有明确限制监事的变动。

(五) 定时间

1. 需要确定的时间包括：股权授予日、有效期、等待期、可行权日及禁售期等。通常，股权授予日与获授股权首次可以行权日之间的间隔不得少于1年，并且需要分期行权；

2. 行权期：原则上不得少于2年，行权有效期不得低于3年，有效期内匀速行权。

(六) 定条件

需要确定的条件包括：绩效条件、限制性条件和触发条件。

案例5.13　九阳股份(002242.SZ)基于销售额增长率的绩效考核

2014年7月19日，九阳股份向公司的激励对象定向发行729万股限制性股票，价格为4.42元/股，占股比例为0.96%(总股本76 095万股)。

九阳股份的股权激励计划有效期为4年，在授予日的1年后分三期解锁，解锁期3年。解锁条件是2014年销售额增长率不低于10%，如表5.13如示。

表5.13 九阳股份绩效考核条件

解锁批次	解锁时间	公司业绩考核条件	解锁比例
第一批	授予日+12个月后的首个交易日起，至授予日+24个月内的最后一个交易日止	以2013年为基准年，2014年销售额增长率不低于10%，2014年净利润增长率不低于6%	40%
第二批	授予日+24个月后的首个交易日起，至授予日+36个月内的最后一个交易日止	以2013年为基准年，2015年销售额复合增长率不低于10%；2015年净利润增长率不低于15%	30%
第三批	授予日+36个月后的首个交易日起，至授予日+48个月内的最后一个交易日止	以2013年为基准年，2016年销售额复合增长率不低于10%；2016年净利润增长率不低于25%	30%

九阳股份2013年，公司实现销售收入532 812.16万元，净利润46 970.60万元。2014年销售收入594 351.33万元，较上期增长10.35%；净利润53 165.97万元，较上期增长11.64%。绩效考核符合第一批解锁的条件。

从家电器行业案例统计数据来看，采用"销售增长率"指标的案例较多，而其他行业使用"销售增长率"指标的很少，说明销售增长率指标比较能够反映家电行业的发展速度与市场份额情况，也意味着家电行业同质化竞争加剧导致销售收入与净利润增长乏力。九阳股份的增长要来源于电商平台的贡献。

上市公司实施限制性股票激励计划，也有考核每股收益的。例如2014年3月，中源协和(600645.SH)股权激励计划第1期解锁业绩考核目标为："2014年公司合并会计报表营业收入较2013年度增长不低于30%，且每股收益不低于0.10元/股。"

每股收益通常被用来反映企业的经营成果，衡量普通股的获利水平及投资风险，是投资者等信息使用者据以评价企业盈利能力、预测企业成长潜力，进而做出相关决策的重要的财务指标之一。从市场案例来看，每股收益指标较多运用于国有控股上市公司股权激励方案，国务院国资委关于国有控股上市公司实施股权激励的指导性文件(171号文)里明确提到"业绩考核指标应包含反映股东回报和公司价值创造等综合性指标，如净资产收益率(ROE)、经济增加值(EVA)、每股收益(EPS)等"，在民营上市公司的股权激励方案里该指标非常罕见。

第四节 人力股的设计

案例5.14　A公司的人力股如何设计？

A公司是刚成立的泳装电商企业。甲曾任阿里市场总监,出资50万;乙曾任百度技术中心副经理,出资20万;技术与运营团队共6人,均为90后,没多少积蓄,共出资30万。

丙是某电商企业副总裁,非常看好A公司的发展前景及团队,打算投资100万。因此A公司注册资金初定200万。

据了解,A公司急需解决如下问题。

1. 甲、乙和技术与运营团队,全职,既出资又出力,如何核算占股?

2. 丙未离职,只是出资100万,应该占多少股份?丙是相信甲与乙才投资的,假如他们中途离职怎么办?

3. 如果甲与乙在4年内不离职,丙承诺出大钱占小股,底线为20%。

郑老师针对A公司存在的问题,通过导入人力股的模式,设计了股权方案(含分红权与表决权),解决上述问题。其步骤如下。

1. 按资金股占比40%,人力股占比60%,人力股分4年解锁,如表5.14所示。

表5.14　A公司资金股与人力股结合设计技巧

股东持股	解锁时间	甲	乙	技术与运营团队	丙	合计
出资情况	出资额	50万	20万	30万	100万	200万
	持股比例	25%	10%	15%	50%	100%
股份分类	资金股 40%	10% (25%×40%)	4% (10%×40%)	6% (15%×40%)	20% (50%×40%)	40%
	人力股 60%	40% (分4年兑现)	10% (分4年兑现)	10% (分4年兑现)	0% (无人力股)	60%
合计持股		50%	14%	16%	20%	100%

2. 分红权分4年成熟，解锁。当合伙人离职时，分红权全部收回，可由甲或乙代持，如表5.15所示。

表5.15　导入人力股后的A公司分红权

股东权利	解锁时间	甲	乙	技术与运营团队	丙	合计
分红权	初创时	25%	10%	15%	50%	100%
	第1年末	20%(10%+10%)	6.5%(4%+2.5%)	8.5%(6%+2.5%)	65%	100%
	第2年末	30%(10%+20%)	9%(4%+5%)	11%(6%+5%)	50%	100%
	第3年末	40%(10%+30%)	11.5%(4%+7.5%)	13.5%(6%+7.5%)	35%	100%
	第4年末	50%(10%+40%)	14%(4%+10%)	16%(6%+10%)	20%	100%

3. 设计A公司表决权，如表5.16所示。

表5.16　A公司表决权

股东权利	解锁时间	甲	乙	技术与运营团队	丙	合计
出资	初创时	25%	10%	15%	50%	100%
表决权	第1年末	50%	14%	16%	20%	100%
	第2年末	50%	14%	16%	20%	100%
	第3年末	50%	14%	16%	20%	100%
	第4年末	50%	14%	16%	20%	100%

如此设计后，A公司股东之间就没有再发生过争吵了，大家皆大欢喜。笔者也被聘为A公司的管理顾问。

这种人力股的创新设计，适合我国千千万万的中小企业，尤其是以智力与技术密集型为主的企业。这些以90后为主体的企业，股东一般没有太大的资金投入，他们有的是与时代相结合的思维模式、前沿的技术、坚忍不拔的创业精神和对互联网的深刻理解。

同时，这种人力股的设计系统地解决了投资方出工不出力及全职的创始团队出工又出力的问题，体现了人力资本的价值。因为资本的光环正在褪去，现在是人本为王的新时代！

第五节
股权质押的设计

案例5.15 银行为何把质押的股权平仓？

某上市公司A因流动资金紧张，于2016年4月向银行B质押了100万股的股票，当时的股价为10元/股，市值为1000万元。经双方协商银行B同意按50%的质押率出款，即贷款500万，质押期限为6个月，贷款利息为8%，如图5.16所示。

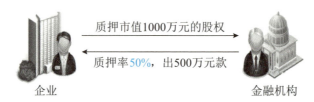

图5.16 公司A向银行B质押股权

2016年6月股市大跌，该公司的股价从10元/股跌至6元/股。银行B向公司A紧急发函，要求补仓或追加质押的股票，如图所5.17所示。

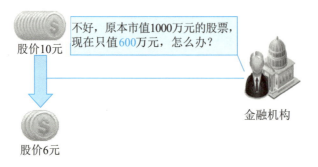

图5.17 银行B要求公司A补仓

为防止平仓，2016年7月公司A向银行B继续加仓质押30万股的股票，此时的股价为5元/股。不巧的是，股市进一步下跌，公司A的股价为4元/股，银行B要求公司A继续加仓，但公司A因ST两年面临退市的风险，已无力加仓。

按照双方签定的股权质押协议，2016年年8月银行B为了避免资金损失，果断平仓，平仓价格为4.5元/股。

于是银行B平仓=130万股×4.5元/股=585万元。

银行B的利息收入=500万×8%×4÷12=13.33万元。由于银行的资金不能直接用于股权质押的放贷，在实操中银行只能以信托理财方式放贷，即通过表外资产来做股权质押的业务，需要另外收取信托3‰，故银行B的信托收入=500万×3‰=1.5万元。

因此银行B收益=13.33+1.5=14.83(万元)。

股权质押是权利质押的一种，是指出质人与质权人协议约定，出质人以其所持有的股份作为质押物，当债务人到期不能履行债务时，债权人可以依照约定就股份折价受偿，或将该股份出售而就其所得资金优先受偿的一种担保方式。它也是企业补充流动资金的常用方式。

通常股权质押融资时需要打折，折扣率或质押率一般是3～6折，案例5.14为5折。同理，对于股东来说，股权质押也是融资的一种渠道。

因此，金融机构为了对冲资金风险，对质押股权设定了质押率、预警线和平仓线等。在未考虑企业的融资成本的情况下，预警线一般为160和150，平仓线为140和130。

假如当前股价是10元，质押率为50%，预警线为150，平仓线为130，如图5.18所示。

预警线：
10×0.5×1.5=7.5
即股价跌幅25%时

平仓线：
10×0.5×1.3=6.5
即股价跌幅35%时

图5.18　股权质押预警线和平仓线的设定

当质押融资的股票市值接近或低于警戒线时，为了保证资金的安全，融资方会被要求补仓，假设质押人为上市公司的大股东，如果不补仓进而被强行平仓的话会降低其持股比例，甚至丧失控股权，因此一般情况下大股东在二级市场股价大幅下挫时，不得不面临"补仓"的风险。

2015年9月17日，猛狮科技(002684，SZ)宣布，由于质押股份的市值减少，该公司第一大股东沪美公司将其所持有的公司无限售条件流通股共计600万股分别补充质押予齐鲁证券有限公司、浙商证券股份有限公司。

截至9月17日，沪美公司持有猛狮科技无限售条件流通股共计9273万股，占公司总股本的33.41%，累计质押股份数量已经达到8539万股，占其所持有猛狮科技股份总数的92.08%。这意味着，一旦上市公司的股价进一步下跌，大股东沪美公司将不得不进一步补充质押，甚至押上所有股份，如图5.19所示。

从沪美公司的案例中，我们可以得出这样的结论：上市公司大股东进行股权质押说明公司资金周转困难而且公司资信一般，因为公司需要资金可以用资产到银行做抵押贷款。而上市公司的股权最具有流动性，上市公司大股东用上市公司的股权做抵押贷款是因为它的其他资产难以获得贷款信任。同时也说明大股东对上市公司不怎么看好，如果是好股票，公司一般不愿意去用股权做担保。

图5.19 沪美公司的股权质押情况

对于股权质押，要区别是否为上市公司。我国法律规定：已上市的股份有限公司的股权质押应在证券登记机构办理质押登记(简称"中登"公司)，未上市的内资股份有限公司和有限责任公司的股权质押应在工商行政管理机关办理质押登记。中登公司对于质押的股票、基金和债券收费标准如表5.17所示。

表5.17 中登公司的收费标准

名称	收费标准
股票	500万股以下(含)部分按该部分面值的1‰收取，超500万股的部分按该部分面值的0.1‰收取，起点100元
基金	500万份以下(含)部分按该部分面值的0.5‰收取，超500万份的部分按该部分面值的0.05‰收取，起点100元
债券	500万元以下(含)部分按该部分面值的0.5‰收取，超500万元的部分按该部分面值的0.05‰收取，起点100元

因此在上述案例中，上市公司A质押了两次股票，面值分别是1000万元和150万元。按照表5.16的收费标准，还需要支付给中登公司=(500万×1‰+500万×0.1‰)+150万×1‰=5500+1500=7000元。

对于银行B来说，强制平仓是不得已的行为。假如按照正常解押来测算，银行B的利息收入=500万×8%×6÷12=20万元，损失率约为50%。

从实务来看，强制平仓的直接原因是股东加入资金杠杆。一方面是大股东本身资金不足，大股东只能先用股权质押套出资金，然后通过券商或银行的资管计划，找来优先级资金。另一方面，部分公司大股东在增持时存在短炒心理，同样是增持，不如搞成杠杆增持，一旦股价上升，增持计划不仅可以起到护盘的作用，还能够赚更多的钱。

总之，股权质押最大风险来自于股价的下跌。如果遇到牛市，这一切都不是问题了。

第六节 股权众筹的设计

案例5.16 京东股权众筹

2015年3月31日，京东股权众筹业务正式上线(见图5.20)。京东股权众筹项目采取"领投+跟投"模式。在众筹过程中由一个有丰富经验的专业投资人作为"领投人"，众多跟投人选择跟投，京东收取3%～5%的平台服务费。目前EVA独轮车、今日头条、雷神成为京东股权众筹的第一批上线项目。

图5.20 京东股权众筹平台

京东股权众筹平台对于领投人和投资人的要求与天使客是有所差异的。京东对于投资人的要求必须符合以下四点中的一点：

1. 投资人最近三年个人年均收入不低于30万人民币；

2. 投资人金融资产在100万以上，其金融资产包括银行存款、股票、债券、基金、银行理财产品等；

3. 金融机构专业人士；

4. 专业VC。

相比之下，作为京东股权众筹项目的领投人，其要求更为严格：

1. 要充分认同企业的发展原则与方向；

2. 在某个行业领域有丰富的经验，独立的判断力，丰富的行业资源和影响力，很强的风险承受能力；

3. 具有投资管理能力以及投后管理能力；

4. 领投人必须有过至少1个过往非上市股权投资项目退出，或者具有自主成功创业的经验；

5. 作为领投人一定要勤勉尽职、乐于分享；

6. 必须认购融资项目金额的30%以上，但又不能超过80%。

京东股权众筹旨在帮助创新型创业企业解决在发展过程中遇到的融资难问题，在法律允许的情况下帮助更多投资者获得风险投资利益。而一个完整的股权众筹流程能更好地帮助众筹项目有效健康地发展。京东股权众筹流程如图5.21所示。

图5.21 京东股权从筹流程

股权众筹是指融资者借助互联网上的众筹平台,将其准备创办或已经创办的企业或项目信息向投资者展示,吸引投资者加入,并以股权的形式回馈投资者的融资模式。

简而言之,股权众筹是当下兴起的一种融资模式,投资者通过互联网众筹平台挑选项目,并通过该平台进行投资,进而获得被投资企业或项目的股权。股权众筹与其他形式众筹的区别是融资人向投资人提供的回报是否主要是股权形式。

一、国内股权众筹的历史

2011年天使汇、创投圈等股权众筹平台的成立,标志着我国股权众筹的萌芽。2015年京东、阿里等股权众筹平台上线,我国的股权众筹迎来了井喷期。因此,我国股权众筹的发展史如图5.22所示。

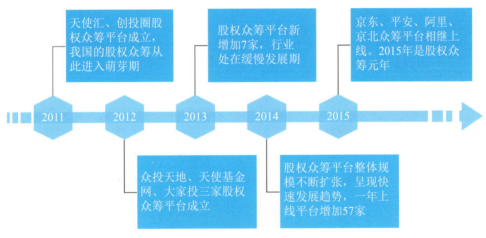

图5.22 我国股权众筹的发展史

二、国内股权众筹的类型

(一)天使式股权众筹

天使式股权众筹接近于天使投资以及VC的模式,投资人通过股权众筹平台寻找初创期的企业和项目,通过投资入股创业项目,天使投资的投资人通常伴有明确的财务回报要求,其流程详见图5.23所示。

图5.23 天使式股权众筹的投资流程

(二) 会员式股权众筹

会员式股权众筹是指投资人通过互联网上的熟人介绍，参与投资付出资金，直接成为被投资企业股东。

(三) 凭证式股权众筹

凭证式股权众筹是指通过众筹平台卖凭证和股权捆绑的方式进行资金募集，投资人付出资金获得相关凭证，凭证直接与创业项目或者企业的股权挂钩，但投资人不成为公司的股东。

三、国内股权众筹的问题

(一) 投资者地位均等，难以形成统一的决策制度

例如众筹的出资人持有相同的股份，在初建、运营、管理上一旦产生分歧，股东之间互不相让，无法形成最终的决策意见，就会导致众筹项目的失败。

(二) 盈利模式单一，无可持续资金来源

例如1898咖啡的股权众筹项目，咖啡馆的装修、运营需要耗费大量的资金，但咖啡馆的盈利来源多为销售咖啡的收入，收益无法覆盖成本，投资者的资金被不断消耗，咖啡馆难以为继。

(三) 众筹者贡献不同，盈利分配有失公允

在股权众筹项目的发展中，每个投资者的贡献不一，但由于持有的股份是均

等的，等额的利润分配就会导致不公平的现象产生。

笔者把股权众筹会遇到的问题，总结如图5.24所示。

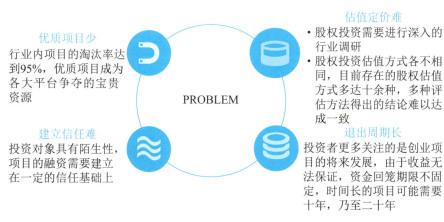

图5.24　股权众筹存在的问题

四、股权众筹平台的盈利模式

在实操中，股权众筹的平台提供者会收取一定的费用，作为服务的回报。例如融资成功后的顾问费，一般来说占总融资总额的3%～10%。其他的收费如图5.25所示。

图5.25　股权众筹平台的盈利模式

案例5.17 "茶品品"股权众筹项目计划书

一、众筹要素

简称	"茶品品"股权众筹
最低募集额度	总募集金额(1000万元)的50%
封闭期	2年

二、众筹架构

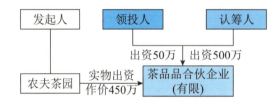

新设茶品品合伙企业(有限)认筹人拟出资情况如下:

序号	认筹人名称	出资金额/万元	持股比例/%	出资方式
1	张三(发起人)	450	45%	实物资产
2	A公司(领投人)	50	5%	货币
3	认筹人(不得超过48人)	500	50%	货币
	合计	1000	100%	—

三、众筹流程

1. 农夫茶园的张三为发起人,负责上线本项目,寻找意向认筹人。

2. 发起人组织众筹项目路演。

3. 认筹人签署相关合同(入伙协议、风险揭示书等),并打款至发起人指定账户。

4. 募集期内,农夫茶园负责登记认筹人名册。

5. 认筹人筛选。募集期内,发起人在每个交易日日终对当日认购名册进行筛选;认筹人可以通过众筹平台查询筛选结果。

6. 募集期结束,如众筹金额未达到最低募集资金额标准,则众筹失败,认筹资金无息退回。

7. 募集期结束,如众筹金额达到最低募资金额标准,众筹成功。

8. 成立合伙企业(有限),项目启动。具体流程如下所示:

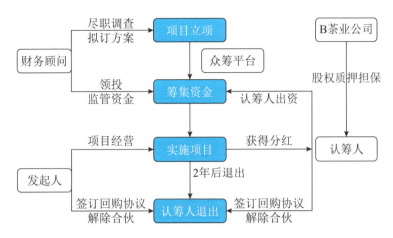

四、众筹对象

1. 农夫茶园的高级管理人员、核心员工；

2. 符合认筹条件的其他自然人及机构(注：无违法纪录)。

根据合伙企业法的规定，认筹对象不超过48人。

五、认筹额度

本次众筹拟融资规模为500万元，认筹数量为500万份，认筹标准为1元/份。机构认筹人下限为10万份，上限为50万份；个人认筹人下限为5万份，上限为20万份。

张三作为项目发起人，以农夫茶园所有资产进行投资，经资产评估机构作价450万元，占比45%，同时负责新设合伙企业(有限)的日常事务管理；A公司作为领投人占5%；全体认筹人占50%。

六、回购条款

1. 分红：针对认筹人的投资，茶品品将在众筹成功后的第一年终及第二年终将所有净利润按照认筹人的出资比例进行分红。

2. 回购价格

(1) 当(第一年分红+第二年分红)/原始认筹额度≥24%时，发起人以原始认筹额度进行回购；

(2) 当(第一年分红+第二年分红)/原始认筹额度<24%时，发起人以[1+24%-(第一年分红+第二年分红)/原始认筹额度]×原始认筹额度进行回购。

一旦发起人完成全部份额的回购，合伙企业解散，并在10个工作日内，完成工商注销的相关手续。

七、资金用途

本次募集资金主要用于茶品品旗舰店的承租和装修。新开的旗舰店是一家集茶艺、茶事体验、商务洽谈、养生用餐、培训餐饮销售于一体的高档会员制会所，旨在打造成浙江区域品牌旗舰店。根据投资预算，本项目资金投资分配如下：

序号	项目	金额
1	房租	50万
2	装修	100万
3	茶叶(龙井)	200万
4	流动资金	100万

八、认筹人的权益保障

为了维护认筹人的利益，发起人制定了一系列具体、有效的资金偿还计划来保障认筹人到期兑付本金及利息的合法权益。

1. B茶业公司股权质押担保

对于本次众筹事项，B茶业公司作为本次众筹项目担保方，按照目前股份市值，以大股东陈某名下的500万股股份在工商行政管理机关办理质押登记，与认筹人签订股权质押担保协议，并承诺若发起人不能按照回售条款履行相应义务，则B茶业公司将对此承担连带责任，避免认筹人遭受任何经济损失。

2. 领投人承诺：A公司将作为本次众筹项目的领投人，认筹5%的份额。

九、盈利预测

根据农夫茶园最近三个月的营业收入情况，预测2015—2017年三年的营业收入和费用支出情况如下表：

名称	营业总收入/元	营业总成本/元	利润总额/元	净利润/元
2015年1月	160 170	66 890	93 280	75 046
2015年2月	127 136	64 930	62 206	53 294
2015年3月	171 221	67 503	103 718	82 166
2015年	2 000 000	166 300	1 833 700	1 206 655
2016年	3 000 000	224 500	2 775 500	1 818 825
2017年	4 500 000	307 750	4 192 250	2 739 712

以保守估计的数据来看，2015年、2016年及2017年的净利润分别约为120万元、182万元、274万元，发起人能够有效满足认筹人的分红及回售要求。

第六章

合伙人的风险
——盛名之下,必有隐患

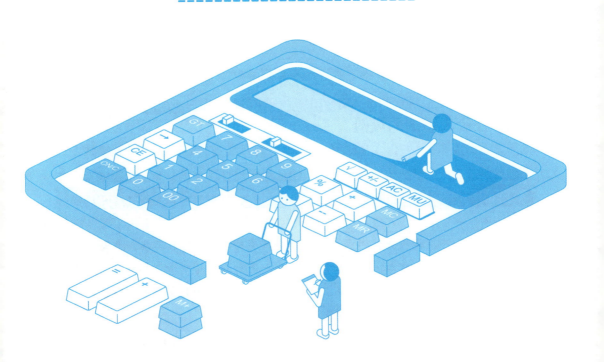

我们前面说过先合伙再合股的思路，假如合股后发现合作伙伴不给力，躺在功劳簿上睡大觉，你又不能剥夺其股东的身份，这样的风险是很大的，现实解决办法可以参考华为的饱和配股和股权分期成熟的办法。

那么，我们能不能在公司的章程中规定其退出？公司的章程有哪些潜在的风险？笔者认为公司章程的法律风险来自于两个方面，一是在本公司的章程设计中因缺乏法律意识而带来的风险；二是在收购或投资时，你能不能识别出其他公司章程设计的陷阱，保护自己的投资利益。

合伙人因人而合在一起，假如人出了道德的问题，是最可怕的。能不能规避合伙人因离婚、股权代持、股权质押等带来的道德风险？

另外，合伙人存在着知情权的风险、涉税的风险、实际控制权的风险、退出的风险等。这些风险都需要我们在合伙人制度设计过程中，考虑周全并予以化解。

总之，合伙人制度盛名之下，必有风险。

第一节 道德的风险

一、合伙人婚姻的风险

案例6.1　土豆网创始人王微离婚引发的"血案"

2010年11月，就在土豆网向美国证监会提交IPO申请的第二天，上海市徐汇区人民法院应王微的前妻杨蕾提出的离婚财产分割诉讼的申请，要求分割土豆网38%的股份，并请求冻结王微名下三家公司的股权，包括上海全土豆网络科技有限公司95%的股份，要命的是其中大部分属于代持股份。

最终，王微以700万美元的代价结束了这场离婚纠纷。王微为了筹集这笔离婚款，被迫卖掉自己所持有的43万股，套现1247万美元，持股比例相应稀释到8.6%，如图6.1所示。

第六章 合伙人的风险——盛名之下，必有隐患

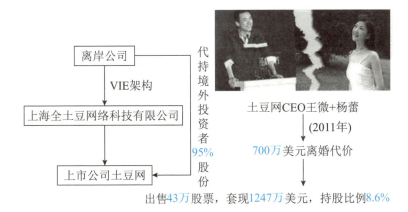

图6.1 王微离婚的代价

8个月后，土豆网在美国上市，但已经错过了上市的最佳时机。在它刚刚提出上市的2010年底，由于经济复苏强劲、市场广大和行业前景乐观，美国股市对中国互联网企业十分看好，比土豆网略晚一些申请IPO并上市的最大竞争对手优酷网当时上市时受到资本市场热捧，上市首日涨幅达165％，股价最高攀至69.95美元。

2012年3月12日，优酷土豆合并；同年8月24日，王微退出自己一手创立的土豆网。

2015年10月17日，阿里巴巴以56亿美元收购优酷土豆。美人迟暮，英雄末路，总是让人伤感。

VIE模式(Variable Interest Entities)，即VIE架构，也被称为"协议控制"。是指境外上市实体与境内的业务运营实体相分离，境外的上市实体通过协议的方式控制境内的业务实体。详细的操作流程，详见图6.2所示。

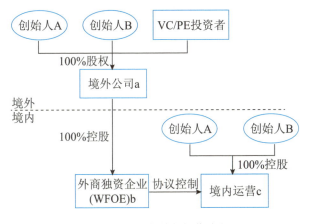

图6.2 VIE架构的操作流程

VIE可以简单理解为：你买不起房，但没关系，你和卖家(或房东)签订一份50年的出租协议(租金一次性给清)，然后你搬进去住了。

经过王微离婚"血案"后，投行圈内有一个约定：融资企业的创始人结婚、离婚必须报董事会备案，详见案例6.2。想想也挺可笑的，但更多是无奈!

案例6.2 某公司关于配偶股权处分限制的规定

除非各方另行同意，公司股权结构不因任何创始人股东婚姻状况的变化而受影响。各方同意：

1. 于本协议签署之日的未婚一方，在结婚后不应将其在公司持有的股权约定为与配偶的共同财产，但有权自行决定与配偶共享股权带来的经济收益。

2. 于本协议签署之日已婚的一方，应自本协议签署之日起15日内与配偶签署相关协议，确定其在公司持有的股权为其个人财产，但该方有权决定与配偶共享股权带来的经济收益，该等协议应将一份原件交由公司留存。

3. 在退出事件发生之前，若任何一方违反本条第1款的规定，将其在公司持有的股权约定为夫妻共同财产，或未能依据本条第2款的规定与配偶达成协议的，如果该方与配偶离婚，且该方在公司持有的一半(或任何其他比例)的股权被认定为归配偶所有的，则该方应自离婚之日起30日内购买配偶的股权。若该方未能在上述期限内完成股权购买的，则该方应赔偿因此给其他方造成的任何损失。

笔者总结了夫妻离婚股权转让纠纷的种类有如下的6种。

1. 因一方擅自将自己或自己与配偶双方名下的股权转让引发的纠纷。
2. 因配偶双方对于一方或双方持有的股权价值分歧导致的纠纷。
3. 因一方为隐名股东或对公司出资引发的股东身份确权产生的争议。
4. 因一方利用股权质押担保导致股东权益减损、灭失，或可能减损、灭失酿成的纠纷。
5. 因一方开设BVI公司隐匿股东身份或转移共同股权价值引发的纠纷。
6. 因公司IPO、上市融资导致配偶一方名下持股数量变化引发的纠纷。

案例6.3 公司创始人的股权属于其个人财产的协议

甲乙双方是经合法登记的夫妻，且乙方作为×××公司(下称"公司")创始人，持有60%的公司股权，对应公司注册资本人民币1200万元(下称"标的股权")。

经双方协商一致，现就标的股权有关问题达成协议如下。

1. 双方确认，标的股权属于乙方个人财产，不属于甲乙双方的夫妻共同财产，甲方对标的股权不享有任何权益。

2. 双方进一步确认，乙方作为公司股东作出的任何行为或决定，均不需要甲方另行授权或同意。

3. 乙方同意，若乙方就标的股权获得任何收益，包括但不限于分红、处分标的股权所获得的收益等，乙方应自获得该等收益之日起10日内，将该收益的50%支付给甲方。

甲方同时确认，本条规定仅视为乙方对甲方的支付义务，不得视为赋予甲方任何与标的股权相关的权利。

本协议自双方签署之日生效，且长期有效。

二、合伙人股权代持的风险

股权代持是指实际出资人与名义出资人达成约定：名义出资人作为名义股东，在股东名册等公司工商登记信息上出现，而实际上由实际出资人出资并享有投资权益。实际经营中，很多出资人会基于规避法律对股东人数的限制、享受某些行业的优惠政策、避免引起关注、规避关联交易等原因，选择由第三方代持其股权。

案例6.4 C公司所代持的股权为何被法院强制执行了？

A公司100%收购B公司股权，但为了规避关联交易的嫌疑，A公司选择由C公司和自然人D分别替其代持33%和67%的B公司股权，并签订了《股权代持协议》。但C公司因资金流断裂，其银行贷款未能按期偿还，银行向法院申请冻结了C公司资产，其中就包括其代持的B公司33%的股权。C公司诉至法院，并以《股权代持协议》为证据，要求确认股权实际出资人为A公司，并解除被冻结股权；法院审理肯定了《股权代持协议》是有效合同，但仍判决驳回C公司的诉讼请求，银行申请执行了该股权。

从案例6.4来看，A公司虽然是实际出资人，双方签署了《股权代持协议》，但工商备案登记等信息显示的股权所有者是C公司。《股权代持协议》在A公司和C公司之间是合法有效的，但不能约束银行，银行根据工商对外公开的备案信息了解到C公司名下有股权，向法院申请执行。由此可见代持协议的效力仅限于签订合同的当事人，不能对抗工商备案信息的效力。

在实务中，股权代持会引发的风险如下。

1. 继承纠纷。自然人股东D突然离世，D名下股权被其继承人争夺，A公司卷入D遗产继承纠纷案件。

2. 经营风险。A与B发生冲突，致使A无法实际控制B公司运作。

3. 法律风险。C或D，在A公司不知情的情况下转让或质押代持股份，致使A公司权益受到损害。(即使在《股权代持协议》中明确未经A同意不得转让或处分股份，但根据善意取得原则，不知情的善意第三人仍有权受让股份。)

在实务中，如何规避股权代持法律风险呢？

1. 慎重选择代持对象，并提前考虑减少代持税负成本问题。我国税务机关对于近亲属之间的股权转让税负有一定的优惠政策，如果把股权交给父母代持，从父母手里赎回股权时，可以申报较低的股权转让价格，税务机关予以认可，将大大减少税务成本。

2. 在《股权代持协议》中尽量明确各种风险解决方案。我国司法解释已经承认了代持协议的法律效力。详见案例6.5。因此制定权利义务清晰的协议非常必要，而且有必要在协议中约定实际出资人什么条件下行使显名权，成为真正的公司股东，详见案例6.6。

3. 实际参与公司经营。实际出资人实际履行了出资，法律保护其利益。如果能参与公司经营，始终同名义股东保持经营思想上的一致，能更有效地保护出资权益。

案例6.5 《公司法》的司法解释对股权代持的部分规定

《公司法》的司法解释24条与25条对合伙人股权代持做出了明确的规定，其目的是为了有效保护有限公司实际出资人的权利。法律具体规定如下。

第24条 有限责任公司的实际出资人与名义出资人订立合同，约定由实际出资人出资并享有投资权益，以名义出资人为名义股东，实际出资人与名义股东对该合同效力发生争议的，如无合同法第五十二条规定的情形，人民法院应当认定该合同有效。

前款规定的实际出资人与名义股东因投资权益的归属发生争议，实际出资人以其实际履行了出资义务为由向名义股东主张权利的，人民法院应予支持。名义股东以公司股东名册记载、公司登记机关登记为由否认实际出资人权利的，人民法院不予支持。

实际出资人未经公司其他股东半数以上同意，请求公司变更股东、签发出资证明书、记载于股东名册、记载于公司章程并办理公司登记机关登记的，人民法院不予支持。

第25条 名义股东将登记于其名下的股权转让、质押或者以其他方式处分，实际出资人以其对于股权享有实际权利为由，请求认定处分股权行为无效的，人民法院可以参照物权法第一百零六条的规定处理。

名义股东处分股权造成实际出资人损失，实际出资人请求名义股东承担赔偿责任的，人民法院应予支持。

案例6.6 股权代持协议书

甲、乙双方本着平等互利的原则，经平等协商，就甲方委托乙方代为持股相关事宜达成协议如下，以兹共同遵照执行。

一、代持股基本情况

1. 甲方占公司总股本____的股份，对应出资人民币____万元，该股份由乙方代为持股；

2. 乙方在此声明并确认，代持股份的投资款系完全由甲方提供，只是由乙方以其自己的名义代为投入，故代持股份的实际所有人应为甲方；乙方系根据本协议代甲方持有代持股份；

3. 乙方在此进一步声明并确认，由代持股份产生的或与代持股份有关之收益归甲方所有，在乙方将上述收益交付给甲方之前，乙方代甲方持有该收益。

二、甲方的权利与义务

1. 甲方作为代持股份的实际拥有者，以代持股份为限，根据公司章程规定享受股东权利，承担股东义务，包括但不限于股东权益、重大决策、表决权、查账权等公司章程和法律赋予的全部权利；

2. 在代持期间，获得因代持股份而产生的收益，包括但不限于利润、现金分红等，由甲方按出资比例享有；

3. 如公司发生增资扩股之情形，甲方有权自主决定是否增资扩股；

4. 甲方作为代持股份的实际拥有者，有权依据本协议对乙方不适当的履行受托行为进行监督和纠正，并要求乙方承担因此而造成的损失。

三、乙方的权利与义务

1. 在代持股期限内，甲方有权在条件具备时，将相关股东权益转移到甲方或甲方指定的任何第三人名下，届时涉及的相关法律文件，乙方须无条件同意并对此提供必要的协助及便利；

2. 在代持股期间，乙方作为代持股份形式上的拥有者，以乙方的名义在工商股东登记中具名登记；

3. 在代持股期间，乙方代甲方收取代持股份产生的收益，应当在收到该收益后5个工作日内，将其转交给甲方或打入甲方指定的账户；

4. 在代持股期间，乙方应保证所代持股份权属的完整性和安全性，非经甲方书面同意，乙方不得处置代持股份，包括但不限于转让、赠予、放弃或在该等股权上设定质押等；

5. 若因乙方的原因，如债务纠纷等，造成代持股权被查封，乙方应提供其他任何财产向法院、仲裁机构或其他机构申请解封；

6. 乙方应当依照诚实信用的原则适当履行受托义务，并接受甲方的监督。

四、代持股份的费用

1. 乙方为无偿代理，不得向甲方收取代持股份的代理费用；

2. 乙方代持股期间，因代持股份产生的相关费用及税费由甲方承担；在乙方将代持股份转为以甲方或甲方指定的任何第三人持有时，所产生的变更登记费用也由甲方承担。

五、代持股份的转让

1. 在代持股期间,甲方可转让代持股份。甲方转让股份的,应当书面通知乙方,通知中应写明转让的时间、转让的价格、转让的股份数。乙方在接到书面通知之后,应当依照通知的内容办理相关手续。

2. 若乙方为甲方代收股权转让款,乙方应在收到受让方支付的股权转让款后5个工作日内将股权转让款转交给甲方。但乙方不对受让股东的履行能力承担任何责任,由此带来的风险由甲方承担。

3. 因代持股份转让而产生的所有费用由甲方承担。

六、保密

协议双方对本协议履行过程中所接触或获知的对方的任何商业信息均有保密义务,除非有明显的证据证明该等信息属于公共信息或者事先得到对方的书面授权。该保密义务在本协议终止后仍然继续有效。任何一方因违反保密义务而给对方造成损失的,均应当赔偿对方的相应损失。

七、协议的生效与终止

1. 本协议自签订之日起生效;

2. 甲方通知乙方将相关股东权益转移到甲方或甲方指定的任何第三人名下并完成相关办理手续时终止。

八、违约责任

本协议正式签订后,任何一方不履行或不完全履行本协议约定条款的,即构成违约。违约方应当负责赔偿其违约行为给守约方造成的一切直接和间接的经济损失。

九、适用法律及争议解决

因履行本协议所发生的争议,甲乙双方应友好协商解决,协商不能解决的,任何一方可向代持股公司注册地人民法院提起诉讼。

十、其他

1. 本协议自双方签署后生效;

2. 本协议一式两份,签署双方各执一份,均具有同等法律效力;

3. 本协议未尽事宜,可由双方以附件或签订补充协议的形式约定,附件或补充协议与本协议具有同等法律效力。

委托方(甲方):   受托方(乙方):

　年　月　日   　年　月　日

第二节
章程的风险

案例6.7 万科公司的章程如何抵御门口"野蛮人"

截止到2016年9月30日,宝能系持有万科公司28%的股份,系第一大股东。接下来我们猜想宝能系会不会利用第一大股东的身份,要求改组董事会?第一大股东有什么权利与义务?公司章程对此有何规定?公司章程是否有抵门口"野蛮人"的条款?

万科公司章程第57条,规定公司的控股股东须具备以下条件之一。

1. 该人单独或者与他人一致行动时,可以选出半数以上的董事。

2. 该人单独或者与他人一致行动时,可以行使公司30%(含)以上的表决权或者可以控制公司的30%(含)以上表决权的行使。

3. 该人单独或者与他人一致行动时,持有公司发行在外30%(含)以上的股份。

4. 该人单独或者与他人一致行动时,以其他方式在事实上控制公司。

我们可以看出,对于市值超过千亿规模的万科,想成为其控股股东难度非常大,对于宝能系而言,最现实的路径即是获得30%的持股比例。不过这也不现实,因为持股比例达到30%时,会触及向所有股东的要约收购。

宝能系若成功突破第一道防线升格为"控股股东",下一步则需掌控公司董事会,不然只会沦为纯粹的股东。目前万科公司董事会由11名董事成员组成,但现任董事的任期均直至2017年3月才结束。宝能系想提前改组董事会成员难度不小。

万科公司章程第97条规定:万科非独立董事候选人名单由上届董事会或连续180个交易日单独或合计持有公司发行在外有表决权股份总数3%以上的股东提出。宝能系能否满足该条件尚未可知。而且,根据章程第95条的规定:股东大会在选举董事、监事时,实行累积投票制。宝能系虽持有股份比例最高,但在累积投票制下,其想掌控董事会的难度非常大。

如果宝能系想在万科现有董事会董事任期届满前进入董事会,在提名阶段若要提名新董事,有以下几个选择:

1. 宝能系若不想改变现有组织成员，可向股东大会提交修改公司章程的议案，增加董事会成员人数。不过，修改章程对上市公司来说颇有些"伤筋动骨"，以往相关方使用这一招数成功进入上市公司董事会的案例并不多见。

2. 如果现有董事会出现空缺，比如原有董事辞职离任等情形，则可补选董事。

3. 宝能系还可以直接提交股东大会提案或者临时提案，要求罢免公司董事。按照章程规定，只需满足第72条要求，即"单独或者合计持有公司百分之三以上股份"的股东就可向股东大会提交议案。从目前情况来看，宝能系已满足这一条件。如果宝能系能够顺利提交议案，提名董事候选人进入表决阶段，根据万科公司章程第92、93条规定，选举董事、非职工监事属于普通决议，必须经出席股东大会的股东所持表决权的过半数通过。

事实上，在表决阶段，宝能系董事候选人能否成功当选仍然面临考验，而这一关很有可能成为最大的难关。这一最大难关就在万科公司章程第95条："股东大会在选举董事、监事时，实行累积投票制。"

累积投票制是指上市公司股东大会选举董事或监事时，有表决权的每一普通股股份，拥有与所选出的董事或监事人数相同的表决权，股东拥有的表决权可以集中使用。

简言之，在实行累积投票制的前提下，股东的表决权票数是按照股东所持有的股票数与所选举的董事或监事人数的乘积计算，而不是直接按照股东所持有的股票数计算。

显然，这一投票制度的目的正是对大股东表决权优势的限制。在累积投票制下，中小股东完全可以将表决权集中投给某一位或某几位候选人，而无惧大股东。

从案例6.7中，我们知道公司章程是股东共同一致的意思表示，载明了公司组织和活动的基本准则，是公司的宪法性文件。可以看出万科公司在抵御门口"野蛮人"上下足了功夫，表现在对控股股东30%持股比例的设置、董事选举采取累积投票制等。

在实务中，许多企业的合伙人并没有认真地对待公司章程。他们制定章程一般有两种做法：一是照抄法律，包括公司法和证监会的上市公司治理准则和章程指引；二是照抄工商局发布的公司章程模板。这实际上是对自己不负责任，出了问题之后，才发现原来章程不应该这样写，或者本应该写上的却没有写，存在着巨大隐患及风险。

另外，我们除了关注公司的章程外，还要看增资协议及补充协议、工商档案、股东的转让协议、验资报告、合伙协议等，这些法律文件我们需要到工商局现场去看看。

为了预防潜在的风险，公司章程可以补充如下内容。

一、章程对《公司法》的补充

(一) 公司章程可排除股东资格的继承

《公司法》第75条：自然人股东死亡后，其合法继承人可以继承股东资格；但是，公司章程另有规定的除外。

(二) 公司章程可以详细规定股东会议的议事方式

可以约定的股东会议的议事方式包括何时开会、如何召集、如何代理、如何表决、如何记录等。例如，可以约定通过视频或QQ群或微信群开会。

(三) 分红比例与股权比例可以做不一致的约定

例如：A、B、C、D四个股东，A、B、C股东既出钱也出力(全职参与公司管理)，D股东只出钱基本不出力，于是公司章程中约定A、B、C多分钱，D少分钱。但要全体股东同意才能操作。

《公司法》第34条规定：股东按照实缴的出资比例分取红利；公司新增资本时，股东有权优先按照实缴的出资比例认缴出资。但是，全体股东约定不按照出资比例分取红利或者不按照出资比例优先认缴出资的除外。

案例6.8　滴滴出行并购优步中国

2016年8月1日，滴滴出行宣布与优步全球达成战略协议(见图6.3)。滴滴出行将收购优步中国的品牌、业务、数据等全部资产在中国大陆运营，优步中国将保持品牌和运营的独立性，双方团队将在用户资源、线上线下运营和营销推广等方面共享资源、协同发展。

图6.3　滴滴出行将收购优步中国

双方达成战略协议后，滴滴出行和优步全球将相互持股，成为对方的少数股权股东。优步全球将持有滴滴5.89%的股权，相当于17.7%的经济权益，优步中国的其余中国股东将获得合计2.3%的经济权益。滴滴也由此成为国内唯一一家腾讯、阿里巴巴、百度共同投资的企业。

从案例6.8中，我们可以看出，通过双方换股，优步出资比例是5.89%，而享有20%的分红。《公司法》同时规定，有限责任公司可以同股不同权；但股份有限公司必须同股同权。

依据《公司法》的规定，公司章程中还可以作出单独规定的有如下几个方面。

1. 表决权可与出资比例不一致。《公司法》第42条规定：股东会会议由股东按照出资比例行使表决权；但是，公司章程另有规定的除外。

2. 召开股东会会议的通知期限可另行约定。《公司法》第41条第1款规定：召开股东会会议，应当于会议召开十五日前通知全体股东；但是，公司章程另有规定或者全体股东另有约定的除外。

3. 公司章程对公司董、监、高转让本公司股份的限制可高于公司法。《公司法》第141条第2款规定：公司董事、监事、高级管理人员应当向公司申报所持有的本公司的股份及其变动情况，在任职期间每年转让的股份不得超过其所持有本公司股份总数的百分之二十五；所持本公司股份自公司股票上市交易之日起一年内不得转让。上述人员离职后半年内，不得转让其所持有的本公司股份。公司章程可以对公司董事、监事、高级管理人员转让其所持有的本公司股份做出其他限制性规定。

4. 全体股东一致同意的，可以书面形式行使股东会职权。《公司法》第37条规定：股东以书面形式一致表示同意的，可以不召开股东会会议，直接做出决定，并由全体股东在决定文件上签名、盖章。

5. 其他情形。《公司法》对股权分割未做规定，但公司章程可以对此做出规定，如规定：配偶、继承人只有在按照公司章程规定的条件获得同意后，才可以成为股东。即股份可因继承事实发生而在被继承人和继承人之间自由转让，但是继承人是否因继承股份而当然地取得股东身份，则应由公司章程规定。

由此可见，2013年、2014年先后修订的《公司法》与《公司登记管理条例》生效后，工商登记机关明显放宽了对公司章程的审查，因此要对公司的章程进行必要的补充。

二、章程对股东资格丧失的规定

案例6.9　股东被除名是否合法？

A公司是一家由集体企业改制的有限责任公司，股东基本上都是公司的员工。公司章程规定："本公司股东如违反公司章程，如出现危害公司利益、出卖公司利益、泄漏公司机密、侵占公司财产等不法行为，经公司股东大会按股份额表决权70%通过后立即除名，剥夺其股权。按注册资本额退还股金，不给付股本利息。"章程经表决通过并在工商局备案。

公司股东李某任采购总监，占15%的股份，因吃供应商回扣，采购价格远高于市场水平，经查属实被公司开除。随后，公司召开股东会议，80%持有公司表决权的股东同意将李某从股东名册上除名，并通知李某领取原始股金10万元。此时公司股权价值已经大大超过了原始股金。李某不服，提起诉讼。

法院最终判决驳回李某的诉讼请求，认定公司章程的相关规定有效，公司依据章程将李某除名的行为合法。这个案例集中体现了公司章程的自治功能。

案例6.9的公司章程中规定了对股东的除名规定，但《公司法》有没有股东除名的规定呢？《公司法》规定了股东资格丧失的几种情形，但没有除名的规定，具体规定如下。

1. 股东自愿、合法转让其所持有的股权。
2. 人民法院依强制执行程序转让股东的股权。
3. 对股东会决议持异议的股东请求公司回购其股权。
4. 自然人股东死亡。
5. 法人股东解散或破产。
6. 公司解散或破产。

最高人民法院关于《公司法》的司法解释(三)第17条规定：有限责任公司的股东未履行出资义务或者抽逃全部出资，经公司催告缴纳或者返还，其在合理期间内仍未缴纳或者返还出资，公司以股东会决议解除该股东的股东资格，该股东请求确认该解除行为无效的，人民法院不予支持。

即使股东资格丧失，不意味着公司无须向其支付任何对价。一般来说，应该向其退回原股本(即原投入的注册资金)或者按市场价值补偿。

三、章程对股东股权转让的规定

在实务中，可通过公司章程限制股权转让时的剩余股东同意权、优先购买权。《公司法》第71条：有限责任公司的股东之间可以相互转让其全部或者部分股权。

1. 股东向股东以外的人转让股权，应当经其他股东过半数同意。股东应就其股权转让事项书面通知其他股东征求同意，其他股东自接到书面通知之日起满三十日未答复的，视为同意转让。其他股东半数以上不同意转让的，不同意的股东应当购买该转让的股权；不购买的，视为同意转让。

2. 经股东同意转让的股权，在同等条件下，其他股东有优先购买权。两个以上股东主张行使优先购买权的，协商确定各自的购买比例；协商不成的，按照转让时各自的出资比例行使优先购买权。公司章程对股权转让另有规定的，从其规定。

四、章程对股东股权回购的规定

《公司法》及相关司法解释没有对除名事由做出明确列举，但从上面几项中可以看出：除名事由应有正当性。或者是股东违约，其行为不利于公司，或者是不再符合持股计划的目的。即使如此，章程中的此类条款还应注意以下问题。

1. 章程本身应该按照《公司法》的规定有效制订，并经工商局备案登记。

2. 可以同时签署股东协议，处理股权的回购事宜。如果由公司退回股金，则涉及减少注册资本，还需办理相应减资程序。如果签署股东协议，则可以考虑直接约定由其他股东回购被除名股东的股权，因此无须减少注册资本。

3. 回购措施应具有公平性，应该是针对所有类似情况股东一视同仁，而不是专门针对某个股东。

五、公司章程与股东协议的关系

在实务中，创始股东设立公司时，往往会签署股东协议，对出资、分红、设立过程中的费用、公司运营管理做出约定，甚至还有可能涉及股权激励、代持股权、股权转让。这些内容与公司章程规定的内容有很多重合之处。

对于公司及股东，股东协议都是很重要的法律文件。然而，公司正式设立时要向工商局提交的文件中，并不涉及股东协议。于是，股东协议与公司章程之间的关系就成了有争议的问题。笔者建议如下。

1. 公司章程与股东协议尽可能一致。如果先签署股东协议，则应该在法律许可的范围内将其落实到公司章程中去。

2. 股东不愿意对外透露的内容可以考虑放在股东协议里。公司章程具有一定的公开性，但股东协议并不需要对外披露。

3. 部分股东签署的涉及股权安排(股权激励、股权转让、股权回购)的协议同样有效。但要注意的是，由于股东对外出售股权时，现有股东有优先购买权(有限责任公司为了限制"外人"变成公司的股东)，因此，凡是涉及公司章程以外的人成为(或可能成为)股东时，都需要公司的全体股东表决同意或放弃优先购买权，否则可能导致无法办理股权过户。

4. 股东协议可以实现更灵活的安排：无须工商局登记，随时协商变更；不仅适用于股东之间，也适用于股东与公司、股东与非股东之间，可以通过变通的方式对干股、技术股、期权、股权回购进行有效的安排，可以约定违约责任。

因此，凡是涉及《公司法》没有明确规定，而公司章程有权处理的事项时，建议通过股东协议来处理。具体到股权激励，一般的做法是，公司章程里面只规定股权激励的大致安排,由股东协议进行具体规定,协议中可将详细的"股权激励计划"作为附件列出。

第三节 涉税的风险

案例6.10　C公司转让300万元股权,通过纳税筹划可以节省78万元

C公司注册资金1000万元,由两个法人股东构成,其中A公司投资300万元,占股30%,B公司投资700万元,占股70%。

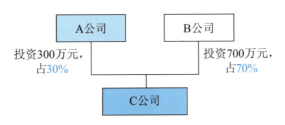

图6.4　C公司股权结构

C公司销售收入为3580万元,净利润为167万元,未分配利润为800万元,盈余公积金为500万元,企业所得税率为25%。A公司因资金链出现问题,拟将其所持C公司的全部股权作价1500万元转让给B公司,届时C公司将成为B公司的全资子公司。

问题:关于此次股权转让,有哪些涉税风险?有哪些税务筹划方法?

B公司董事长咨询郑老师后,郑老师认为A公司转让股份的操作有三种涉税方案,如表6.1所示。

表6.1　A公司股权转让的涉税方案

转让方案	应纳税所得额	交企业所得税
方案1:直接转让股权	1200万元	300万元
方案2:先分红,再转让股权	960万元	240万元
方案3:先分红,再盈余公积金转增资本,最后转让股权	885万元	221.25万元

方案1=(1500-300)×25%=300(万元)。

方案2=(1500-800×30%-300)×25%=240(万元)。

方案3=(1500-800×30%-375)×25%=221.25(万元)。

大家可能对方案1与方案2无异议，但对方案3的奥秘不大了解。按照公司法第166条、168条规定，公积金转增资本时，所留存部分不得少于转增前公司注册资本的25%(注：有涉税风险)。因此，根据上述资料C公司的盈余公积500万元，只能转250万元，于是C公司注册资金由原来的1000万元增加至1250万元。

因此A公司投资成本=300+250×30%=375(万元)。

通过方案3与方案1比较，B公司通过纳税筹划，可以节约企业所得税78.75万元(300-221.25)。

(公司法第166条：公司分配当年税后利润时，应当提取利润的10%列入公司法定公积金。公司法定公积金累计额为公司注册资本的50%以上的，可以不再提取。

第168条：公司的公积金用于弥补公司的亏损、扩大公司生产经营或者转为增加公司资本。但是，资本公积金不得用于弥补公司的亏损。法定公积金转为资本时，所留存的该项公积金不得少于转增前公司注册资本的25%。)

一、股权结构设计不合理的涉税风险

(一) 境内企业

2014年6月，北纬通信(002148.SZ)发布重组方案，拟以3.62亿元的价格收购蔡红兵等6个自然人股东和北京汇成众邦科贸有限公司持有的杭州掌盟软件技术有限公司共计82.97%股权。2014年11月20日，中国证监会核准本次交易。但在2015年1月16日，北纬通信发布公告终止收购杭州掌盟软件，原因是杭州掌盟软件的自然人股东蔡红兵等6人，无力支付股权转让产生的超过7000万元巨额个人所得税款。

笔者认为其根本原因是杭州掌盟软件技术有限公司的股权设计不合理造成的。我们知道公司股东包括自然人股东和法人股东两种类型，而有限公司、股份公司和合伙企业属于后者。目前我国针对自然人股东和法人股东的税收征管模式是不同的：

1. 通常对自然人股东采取的是按次征纳。

2. 对法人股东采取的是按期预缴，年度汇算清缴，股权转让的收益可以合并计入收入，如果本年度利润为负可以不用交税；符合条件的公司可以申请特殊性的税务处理，从而不必当即缴纳转让税款。而根据国家税务总局公告〔2015〕第48号文件的规定，自然人股东不适用特殊性税务处理政策。

3. 对自然人股东的股权转让，可以分5年缴纳个税。根据财税〔2015〕41号文件的规定："一次性缴税有困难的，可合理确定分期缴纳计划并报主管税务机关备案后，自发生上述应税行为之日起不超过5个公历年度内(含)分期缴纳个人所得税。"这一规定是基于现实征管的实际，可以带来的好处有二：一是缓解纳税压力，纳税不同于会计报表，而是实际的现金流出；二是带来潜在的资金的时间价值。

因此，假如杭州掌盟软件能在股权转过程中，调整公司的股权结构，以自然人股东蔡红兵等六人成立有限公司或合伙企业，就可以预防涉税风险的产生，还可以享受特殊性税务处理政策和5年缴清的个税政策。

(二) 境外企业

案例6.11　VIE股权架构的涉税风险

2011年8月12日，黑龙江省佳木斯市国税局，接到一起利用VIE股权架构收购本市企业的涉税报告。

股权转让方A公司是一家在开曼群岛注册的非居民企业，由美国私募基金拥有。被转让主体M公司是一家在开曼注册、香港上市的投资控股公司。购买方是一家在美国上市的知名企业。2011年7月11日，买卖双方在境外签订股权收购协议，交易涉及间接转让了被转让主体在中国境内的J公司等4家中国子公司的股权，如图6.5所示。

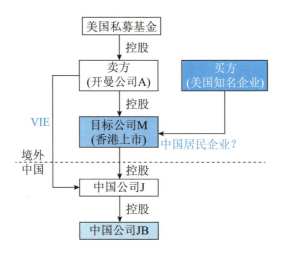

图6.5 基于VIE架构的股权交易的各方

报告强调，A公司依据开曼群岛的公司法注册成立，不是中国居民企业，其进行股权转让的M公司也是非居民企业，股权转让的收入不是来源于中国。此笔股权交易的形式不以税收利益所驱动，也不是为了规避中国的纳税义务，美国投资方需要就本次出售股权所获得的收益在美国缴纳利得税。

就本案来说，如果要把征税权留在中国，就要确认转让的实际标的是中国境内的居民企业，而境外控股公司只是空壳公司。

调查中发现，J公司的分支机构(JB公司)的管理异常。由于M公司是香港上市公司，依据国税函〔2009〕698号"非居民企业通过滥用组织形式等安排间接转让中国居民企业股权且不具有合理的商业目的"的规定，确认其为"空壳公司"难度较大，并且M公司在境外，调查难度很大。

M公司负责实施日常生产、经营、管理运作的高层管理人员及其高层管理部门履行职责的场所主要位于中国境内的JB公司，JB公司的管理团队对境内企业的生产经营活动起到实际的全面的管理控制作用。依据企业所得税法，M公司可以认定为境外注册实际管理机构在中国境内的居民企业。

2012年7月9日，按照"实质重于形式"的原则，税务机关认定A公司通过设立VIE股权架构的安排，间接控股J公司等我国居民企业，规避其实际管理机构在中国境内的经济实质，在转让M公司股份时，申请非居民企业间接转让J公司等我国居民企业股权所得享受免税待遇，不符合客观实际，对该集团的避税安排予以重新定性，将M公司认定为我国居民企业，A公司转让M公司股权在我国负有纳税义务。

2012年8月2日,全部税款及利息共计2.79亿元人民币汇入国库。

在案例6.11中,我们知道中国境内上市与员工的税收居民身份,是很重要的影响因素,也是搭建股权架构需要考虑的重要因素。

简言之,如果在中国境内上市,股权激励的对象为中国税收居民,就不要搭建VIE架构,否则税负更重,同时涉税风险更大。因为非居民转让中国居民企业要交10%的企业所得税、6%的增值税、20%的个人所得税。

二、股东借款的个人所得税风险

案例6.12　股东借款的涉税问题

2015年3月份,江苏省宿迁市地税局在对某化工有限责任公司2014年度的纳税情况进行全面检查过程中发现,该企业的其他应收款账簿中,有笔股东借款74万元一直挂账,到该年年底尚未归还。

经调查核实,该笔其他应收款为股东借款用于支付子女出国留学费用。最终,稽查部门认定对于股东的74万元其他应收款,企业应按照"利息、股息、红利所得"代扣代缴个人所得税14.8万元,对企业处以未代扣代缴税款50%的罚款计7.4万元。

财政部、国家税务总局《关于规范个人投资者个人所得税征收管理的通知》(财税〔2003〕158号)第二条规定,纳税年度内个人投资者从其投资企业(个人独资企业、合伙企业除外)借款,在该纳税年度终了后既不归还,又未用于企业生产经营的,其未归还的借款可视为企业对个人投资者的红利分配,依照"利息、股息、红利所得"项目计征个人所得税。案例6.12企业的股东借款在纳税年度终了后既未归还,又未用于企业生产经营,因此应该按照"利息、股息、红利所得"的20%税率计征个人所得税。

如果股东不向公司借款,而是由公司出资购买资产登记在其或其家人名下,然后将房产或汽车等资产无偿或收取一定租赁费借给公司使用。在这种情况下，股东有没有涉税风险呢？

根据财税〔2008〕83号文件对此的规定：企业出资购买房屋及其他财产，将财产所有权登记在投资者个人或其家庭成员名下的，不论这部分财产是否无偿或有偿让企业使用，其实质都是企业对该股东个人进行了实物性质的利润分配，应视同该个人投资者取得"股息、红利所得"，按20%的税率缴纳个人所得税。同时，企业在使用的登记在股东个人名下的资产，不得在企业账务上计提折旧。

三、股权转让中的涉税事项

案例6.13　股权的平价转让需要缴纳个税吗？

广州A环保公司成立于2012年10月，注册资金为1000万，由甲乙两个股东构成，占股比例分别是75%和25%。2015年3月，甲股东将其所持有的50%的股权转让给B公司，股权转让金额为500万元，但未依法缴纳个人所得税。对此，甲股东解释自己是以平价方式转让了50%的股权，在转让过程中没有实现增值，不需要缴纳个人所得税。

广州市税务局稽查分局根据《股权转让所得个人所得税管理办法(试行)》(国家税务总局公告2014年第67号)第14条第1款的规定，并且公司A没有第13条所规定的对股权转让收入明显偏低且无正当理由的四种情形(详见附件6.1)，告知甲股东该股权转让价格低于相对应的净资产份额，应依法缴纳个人所得税。

因此，广州市税务局稽查分局认为应按A公司净资产来核定股权转让计税额，经第三方审计后A公司的净资产为2550万元，根据相关规定，甲股东转让50%的股权应缴纳个人所得税为155万元=(2550万元×50%-500万元)×20%。

甲股东没想到股权平价转让会有涉税风险，与公司B商议后，股权转让金额调整成835万，此时应纳个税为88万元=(2550万元×50%-835万元)×20%。

此外，甲股东和B公司按转让金额分别缴纳0.05%的印花税。

四、股权对赌协议的涉税事项

案例6.14 甲股东有涉税风险吗?

成都C公司以现金+换股方式收购甲股东持有的D公司60%的股权,并约定了对赌协议。甲股东向收购方公司C公司承诺,2013—2015年,甲股东经营期间,D公司每年的净利润分别不低于1000万元、1500万元和2000万元。承诺净利润数额与实际实现的净利润的差额部分由甲股东以自有现金方式补足。

如果甲股东超额完成业绩承诺,则每年给予超额利润20%的奖励。

股权对赌协议是按照《股权转让所得个人所得税管理办法(试行)》(国家税务总局公告2014年第67号)第9条的规定(详见案例6.16):"纳税人按照合同约定,在满足约定条件后取得的后续收入,应当作为股权转让收入"来执行的。

但在案例6.14中,甲股东2013—2015年取得的超额利润20%的奖励应被视为股权转让价款的一部分,并据此调整股权转让收入的应纳税所得额并补缴个人所得税。倘若如此,这会带来股权转让收入的频繁调整。

如果三年内甲股东未完成业绩,须对C公司作补偿;否则C公司对甲股东作补偿,则来回的调整无疑增加了征纳双方的管理成本。

该条款意味着,并购中相关对赌协议涉及的收入部分也应一同缴纳个人所得税,对于将来对赌协议未实现,是否可以退税则未有涉及。因此,采取对赌协议的企业或个人无形中增加了涉税风险。

五、股权激励中的涉税事项

案例6.15 大股东王董有涉税风险吗?

某拟上市A公司按5元/股,赠送研发总监周某10万股的限制性股票,周某仅需出资2万元购买。在这种情况下,按照税法的规定周某的股票收入属于工薪所得，适用3%～45%的税档。根据国税〔2015〕第80号文件的规定，延迟6个月交税，并可以分5年交。但总体来说，税负较重。

周某找到A公司的第一大股东王董，请求在政策允许的范围内，适当降低其税负。王董经咨询郑老师后，制定如下的股权激励方案：

王董以5元/股价格转让10万股股票给周某，王董作为第一大股东原来的持股成本为4元/股。周某向王董支付象征性转让款4万元。注意这时周某是拿钱出来投资，就不算收入了，不适用工薪所得的规定。周某将来卖掉股票，只需要交20%的个人所得税。但王董承担的个税=(5-4)×10万×20%=2万元。

通过案例6.15，我们发现如果是公司赠送股票，应视同工薪所得计税，税率可以是3%～45%。但改变为大股东做股权转让，计算差异就很大，税率不可能超过45%，因为这是买卖股权，是大股东和员工个人之间的行为。至于大股东要不要收钱，可以商议解决。

案例6.15解释了现在越来越多的企业在未上市前搭建持股平台，来解决股权转让问题。这样一来，就把企业行为变为股东行为，把税负大幅度降低；还有一个好处是把原来影响财务的方案变为不影响财务的方案。

案例6.15中，大股东王董免费送股给周某，会有涉税风险吗？笔者认为最大的风险在于，国家税务总局公告2014年第67号第9条规定(详见附件6.1)：股权转让时，股权转让价明显偏低，而没有正当理由，税务局可以核定征收，可以按公司的公允值(例如参考最近期的股权转让价)来做核定。因此，送股票的风险是大股东王董有被核定征税的可能。

2016年9月22日，国务院批准了《财政部关于完善股权激励和技术入股有关所得税政策的通知》(财税〔2016〕101号)，详见附件6.2。笔者认为"101号"文对新三板等非上市公司开展员工持股计划，具有极其重要的节税意义，有如下三大亮点。

1. 纳税递延政策，解决了员工在行权时没有套现却需要就账面增值部分，缴纳税款的尴尬境地；

2. 为创业公司的股权激励大幅度降低税率，改变了在行权和转让股权两个环节分别缴纳薪金所得税(超额累进税率最高达45%)和财产转让个人所得税(20%)的做法，优惠政策调整为仅在股权转让一个环节征收财产转让个人所得税(20%)，可降低纳税人税负10~20个百分点；

3. 摒弃了之前高新技术企业等要求，将范围扩大到限制性行业目录之外的所有企业(清单详见附件6.2)。

按照财税〔2016〕101号文的规定，案例6.15中的周某接受公司赠送限制性股票而缴纳高额的个税的情况就不存在了，对周某来说是重大的利好消息。

附件6.1 股权转让所得个人所得税管理办法(试行)(国家税务总局公告2014年第67号)

第一条 为加强股权转让所得个人所得税征收管理，规范税务机关、纳税人和扣缴义务人征纳行为，维护纳税人合法权益，根据《中华人民共和国个人所得税法》及其实施条例、《中华人民共和国税收征收管理法》及其实施细则，制定本办法。

第二条 本办法所称股权是指自然人股东(以下简称个人)投资于在中国境内成立的企业或组织(以下统称被投资企业，不包括个人独资企业和合伙企业)的股权或股份。

第三条 本办法所称股权转让是指个人将股权转让给其他个人或法人的行为，包括以下情形：

(一) 出售股权；

(二) 公司回购股权；

(三) 发行人首次公开发行新股时，被投资企业股东将其持有的股份以公开发行方式一并向投资者发售；

(四) 股权被司法或行政机关强制过户；

(五) 以股权对外投资或进行其他非货币性交易；

(六) 以股权抵偿债务；

(七) 其他股权转移行为。

第四条 个人转让股权，以股权转让收入减除股权原值和合理费用后的余额为应纳税所得额，按"财产转让所得"缴纳个人所得税。合理费用是指股权转让时按照规定支付的有关税费。

第五条 个人股权转让所得个人所得税，以股权转让方为纳税人，以受让方为扣缴义务人。

第六条 扣缴义务人应于股权转让相关协议签订后5个工作日内，将股权转让的有关情况报告主管税务机关。

被投资企业应当详细记录股东持有本企业股权的相关成本，如实向税务机关提供与股权转让有关的信息，协助税务机关依法执行公务。

第七条 股权转让收入是指转让方因股权转让而获得的现金、实物、有价证券和其他形式的经济利益。

第八条 转让方取得与股权转让相关的各种款项，包括违约金、补偿金以及其他名目的款项、资产、权益等，均应当并入股权转让收入。

第九条 纳税人按照合同约定，在满足约定条件后取得的后续收入，应当作为股权转让收入。

第十条 股权转让收入应当按照公平交易原则确定。

第十一条 符合下列情形之一的，主管税务机关可以核定股权转让收入：

(一) 申报的股权转让收入明显偏低且无正当理由的。

(二) 未按照规定期限办理纳税申报，经税务机关责令限期申报，逾期仍不申报的；

(三) 转让方无法提供或拒不提供股权转让收入的有关资料。

(四) 其他应核定股权转让收入的情形。

第十二条 符合下列情形之一，视为股权转让收入明显偏低：

(一) 申报的股权转让收入低于股权对应的净资产份额的。其中，被投资企业拥有土地使用权、房屋、房地产企业未销售房产、知识产权、探矿权、采矿权、股权等资产的，申报的股权转让收入低于股权对应的净资产公允价值份额的。

(二) 申报的股权转让收入低于初始投资成本或低于取得该股权所支付的价款及相关税费的。

(三) 申报的股权转让收入低于相同或类似条件下同一企业同一股东或其他股东股权转让收入的。

(四) 申报的股权转让收入低于相同或类似条件下同类行业的企业股权转让收入的；

(五) 不具合理性的无偿让渡股权或股份。

(六) 主管税务机关认定的其他情形。

第十三条 符合下列条件之一的股权转让收入明显偏低,视为有正当理由:

(一) 能出具有效文件,证明被投资企业因国家政策调整,生产经营受到重大影响,导致低价转让股权。

(二) 继承或将股权转让给其能提供具有法律效力身份关系证明的配偶、父母、子女、祖父母、外祖父母、孙子女、外孙子女、兄弟姐妹以及对转让人承担直接抚养或者赡养义务的抚养人或者赡养人。

(三) 相关法律、政府文件或企业章程规定,并有相关资料充分证明转让价格合理且真实的本企业员工持有的不能对外转让股权的内部转让。

(四) 股权转让双方能够提供有效证据证明其合理性的其他合理情形。

第十四条 主管税务机关应依次按照下列方法核定股权转让收入:

(一) 净资产核定法

股权转让收入按照每股净资产或股权对应的净资产份额核定。被投资企业的土地使用权、房屋、房地产企业未销售房产、知识产权、探矿权、采矿权、股权等资产占企业总资产比例超过20%的,主管税务机关可参照纳税人提供的具有法定资质的中介机构出具的资产评估报告核定股权转让收入。

6个月内再次发生股权转让且被投资企业净资产未发生重大变化的,主管税务机关可参照上一次股权转让时被投资企业的资产评估报告核定此次股权转让收入。

(二) 类比法

1. 参照相同或类似条件下同一企业同一股东或其他股东股权转让收入核定;

2. 参照相同或类似条件下同类行业企业股权转让收入核定。

(三) 其他合理方法

主管税务机关采用以上方法核定股权转让收入存在困难的,可以采取其他合理方法核定。

第十五条 个人转让股权的原值依照以下方法确认:

(一) 以现金出资方式取得的股权,按照实际支付的价款与取得股权直接相关的合理税费之和确认股权原值。

(二) 以非货币性资产出资方式取得的股权,按照税务机关认可或核定的投资入股时非货币性资产价格与取得股权直接相关的合理税费之和确认股权原值。

(三) 通过无偿让渡方式取得股权,具备本办法第十三条第二项所列情形的,按取得股权发生的合理税费与原持有人的股权原值之和确认股权原值。

(四) 被投资企业以资本公积、盈余公积、未分配利润转增股本，个人股东已依法缴纳个人所得税的，以转增额和相关税费之和确认其新转增股本的股权原值；

(五) 除以上情形外，由主管税务机关按照避免重复征收个人所得税的原则合理确认股权原值。

第十六条 股权转让人已被主管税务机关核定股权转让收入并依法征收个人所得税的，该股权受让人的股权原值以取得股权时发生的合理税费与股权转让人被主管税务机关核定的股权转让收入之和确认。

第十七条 个人转让股权未提供完整、准确的股权原值凭证，不能正确计算股权原值的，由主管税务机关核定其股权原值。

第十八条 对个人多次取得同一被投资企业股权的，转让部分股权时，采用"加权平均法"确定其股权原值。

第十九条 个人股权转让所得个人所得税以被投资企业所在地地税机关为主管税务机关。

第二十条 具有下列情形之一的，扣缴义务人、纳税人应当依法在次月15日内向主管税务机关申报纳税：

(一) 受让方已支付或部分支付股权转让价款的。

(二) 股权转让协议已签订生效的。

(三) 受让方已经实际履行股东职责或者享受股东权益的。

(四) 国家有关部门判决、登记或公告生效的。

(五) 本办法第三条第四至第七项行为已完成的。

(六) 税务机关认定的其他有证据表明股权已发生转移的情形。

第二十一条 纳税人、扣缴义务人向主管税务机关办理股权转让纳税(扣缴)申报时，还应当报送以下资料：

(一) 股权转让合同(协议)。

(二) 股权转让双方身份证明。

(三) 按规定需要进行资产评估的，需提供具有法定资质的中介机构出具的净资产或土地房产等资产价值评估报告。

(四) 计税依据明显偏低但有正当理由的证明材料。

(五) 主管税务机关要求报送的其他材料。

第二十二条 被投资企业应当在董事会或股东会结束后5个工作日内，向主管税务机关报送与股权变动事项相关的董事会或股东会决议、会议纪要等资料。

被投资企业发生个人股东变动或者个人股东所持股权变动的，应当在次月15日内向主管税务机关报送含有股东变动信息的《个人所得税基础信息表(A表)》及股东变更情况说明。

主管税务机关应当及时向被投资企业核实其股权变动情况，并确认相关转让所得，及时督促扣缴义务人和纳税人履行法定义务。

第二十三条 转让的股权以人民币以外的货币结算的，按照结算当日人民币汇率中间价，折算成人民币计算应纳税所得额。

第二十四条 税务机关应加强与工商部门合作，落实和完善股权信息交换制度，积极开展股权转让信息共享工作。

第二十五条 税务机关应当建立股权转让个人所得税电子台账，将个人股东的相关信息录入征管信息系统，强化对每次股权转让间股权转让收入和股权原值的逻辑审核，对股权转让实施链条式动态管理。

第二十六条 税务机关应当落实好国税部门、地税部门之间的信息交换与共享制度，不断提升股权登记信息应用能力。

第二十七条 税务机关应当加强对股权转让所得个人所得税的日常管理和税务检查，积极推进股权转让各税种协同管理。

第二十八条 纳税人、扣缴义务人及被投资企业未按照规定期限办理纳税(扣缴)申报和报送相关资料的，依照《中华人民共和国税收征收管理法》及其实施细则有关规定处理。

第二十九条 各地可通过政府购买服务的方式，引入中介机构参与股权转让过程中相关资产的评估工作。

第三十条 个人在上海证券交易所、深圳证券交易所转让从上市公司公开发行和转让市场取得的上市公司股票，转让限售股，以及其他有特别规定的股权转让，不适用本办法。

第三十一条 各省、自治区、直辖市和计划单列市地方税务局可以根据本办法，结合本地实际，制定具体实施办法。

第三十二条 本办法自2015年1月1日起施行。《国家税务总局关于加强股权转让所得征收个人所得税管理的通知》(国税函〔2009〕285号)、《国家税务总局关于股权转让个人所得税计税依据核定问题的公告》(国家税务总局公告2010年第27号)同时废止。

附件6.2 财政部关于完善股权激励和技术入股有关所得税政策的通知

为支持国家大众创业、万众创新战略的实施，促进我国经济结构转型升级，经国务院批准，现就完善股权激励和技术入股有关所得税政策通知如下：

一、对符合条件的非上市公司股票期权、股权期权、限制性股票和股权奖励实行递延纳税政策

(一)非上市公司授予本公司员工的股票期权、股权期权、限制性股票和股权奖励，符合规定条件的，经向主管税务机关备案，可实行递延纳税政策，即员工在取得股权激励时可暂不纳税，递延至转让该股权时纳税；股权转让时，按照股权转让收入减除股权取得成本以及合理税费后的差额，适用"财产转让所得"项目，按照20%的税率计算缴纳个人所得税。

点评：之前对于非上市公司开展股权激励，仅能依据《个人所得税法》及实施条例等原则性规定进行处理，或参照上市公司股权激励税收政策执行。新政的出台为非上市公司开展股权激励，带来了巨大的好处，不仅在"取得股权"时可以递延，而且在"股权转让"阶段还可以按照20%的较低税率纳税，节税效果显著。

股权转让时，股票(权)期权取得成本按行权价确定，限制性股票取得成本按实际出资额确定，股权奖励取得成本为零。

(二)享受递延纳税政策的非上市公司股权激励(包括股票期权、股权期权、限制性股票和股权奖励，下同)须同时满足以下条件：

1.属于境内居民企业的股权激励计划。

点评：享受非上市公司股权激励税收优惠政策的企业主体要求有三个：一是公司制企业，排除了个体工商户、合伙企业、个人独资企业等非公司制企业类型；二是境内居民企业，排除了非居民企业以及境外居民企业(注册地在境外，实际管理机构在境内)；三是行业不属于限制类行业，比如房地产、制造业、金融等。对于主体不符合的企业开展股权激励，个人仍应在获得股票(权)时，对实际出资额低于公平市场价格的差额，按照"工资、薪金所得"项目计算缴纳个人所得税。

2. 股权激励计划经公司董事会、股东(大)会审议通过。未设股东(大)会的国有单位，经上级主管部门审核批准。股权激励计划应列明激励目的、对象、标的、有效期、各类价格的确定方法、激励对象获取权益的条件、程序等。

3. 激励标的应为境内居民企业的本公司股权。股权奖励的标的可以是技术成果投资入股到其他境内居民企业所取得的股权。激励标的股票(权)包括通过增发、大股东直接让渡以及法律法规允许的其他合理方式授予激励对象的股票(权)。

4. 激励对象应为公司董事会或股东(大)会决定的技术骨干和高级管理人员，激励对象人数累计不得超过本公司最近6个月在职职工平均人数的30%。

5. 股票(权)期权自授予日起应持有满3年，且自行权日起持有满1年；限制性股票自授予日起应持有满3年，且解禁后持有满1年；股权奖励自获得奖励之日起应持有满3年。上述时间条件须在股权激励计划中列明。

6. 股票(权)期权自授予日至行权日的时间不得超过10年。

7. 实施股权奖励的公司及其奖励股权标的的公司所属行业均不属于《股权奖励税收优惠政策限制性行业目录》范围(见附件)。公司所属行业按公司上一纳税年度主营业务收入占比最高的行业确定。

(三) 本通知所称股票(权)期权是指公司给予激励对象在一定期限内以事先约定的价格购买本公司股票(权)的权利；所称限制性股票是指公司按照预先确定的条件授予激励对象一定数量的本公司股权，激励对象只有工作年限或业绩目标符合股权激励计划规定条件的才可以处置该股权；所称股权奖励是指企业无偿授予激励对象一定份额的股权或一定数量的股份。

(四) 股权激励计划所列内容不同时满足第一条第(二)款规定的全部条件，或递延纳税期间公司情况发生变化，不再符合第一条第(二)款第4至6项条件的，不得享受递延纳税优惠，应按规定计算缴纳个人所得税。

二、对上市公司股票期权、限制性股票和股权奖励适当延长纳税期限

(一) 上市公司授予个人的股票期权、限制性股票和股权奖励，经向主管税务机关备案，个人可自股票期权行权、限制性股票解禁或取得股权奖励之日起，在不超过12个月的期限内缴纳个人所得税。

(二)上市公司股票期权、限制性股票应纳税款的计算,继续按照《财政部 国家税务总局关于个人股票期权所得征收个人所得税问题的通知》(财税〔2005〕35号)、《财政部 国家税务总局关于股票增值权所得和限制性股票所得征收个人所得税有关问题的通知》(财税〔2009〕5号)、《国家税务总局关于股权激励有关个人所得税问题的通知》(国税函〔2009〕461号)等相关规定执行。股权奖励应纳税款的计算比照上述规定执行。

点评:需要关注两个问题,一是符合条件的上市公司开展股权激励,依旧在行权(解禁)时按照"工资薪金所得"项目计算应纳税款,但是新政延长了上市公司股权激励的纳税期限,由现行政策规定的6个月延长至12个月。二是未来转让阶段的税负。目前我国对个人从二级市场取得的上市公司股票,其股票转让所得以及持股1年以上取得的股息红利所得实行免征个人所得税的优惠政策。对于上市公司股权激励形成的限售股,根据《关于个人转让上市公司限售股所得征收个人所得税有关问题的通知》(财税〔2009〕167号),以及《关于个人转让上市公司限售股所得征收个税有关问题的补充通知》的规定,7种法定情形并未明确包括此情形,即,上市公司股权激励,个人在转让股票时不用缴纳个人所得税,但不包括境外上市公司股权激励情形。

三、对技术成果投资入股实施选择性税收优惠政策

(一)企业或个人以技术成果投资入股到境内居民企业,被投资企业支付的对价全部为股票(权)的,企业或个人可选择继续按现行有关税收政策执行,也可选择适用递延纳税优惠政策。

选择技术成果投资入股递延纳税政策的,经向主管税务机关备案,投资入股当期可暂不纳税,允许递延至转让股权时,按股权转让收入减去技术成果原值和合理税费后的差额计算缴纳所得税。

(二)企业或个人选择适用上述任一项政策,均允许被投资企业按技术成果投资入股时的评估值入账并在企业所得税前摊销扣除。

(三)技术成果是指专利技术(含国防专利)、计算机软件著作权、集成电路布图设计专有权、植物新品种权、生物医药新品种,以及科技部、财政部、国家税务总局确定的其他技术成果。

(四)技术成果投资入股,是指纳税人将技术成果所有权让渡给被投资企业、取得该企业股票(权)的行为。

点评：目前，根据《关于个人非货币性资产投资有关个人所得税政策的通知》(财税〔2015〕41号)的规定，个人以非货币性资产投资，应按照"财产转让所得"项目，在发生上述应税行为的次月15日内向主管税务机关申报纳税。纳税人一次性缴税有困难的，可合理确定分期缴纳计划并报主管税务机关备案后，自发生上述应税行为之日起不超过5个公历年度内(含)分期缴纳个人所得税。该政策在执行中，依然面临很多困难，101号赋予个人可选择递延至股权转让时纳税，可以大大化解41号文的"执行难"问题。

四、相关政策

(一) 个人从任职受雇企业以低于公平市场价格取得股票(权)的，凡不符合递延纳税条件，应在获得股票(权)时，对实际出资额低于公平市场价格的差额，按照"工资、薪金所得"项目，参照《财政部 国家税务总局关于个人股票期权所得征收个人所得税问题的通知》(财税〔2005〕35号)有关规定计算缴纳个人所得税。

(二) 个人因股权激励、技术成果投资入股取得股权后，非上市公司在境内上市的，处置递延纳税的股权时，按照现行限售股有关征税规定执行。

(三) 个人转让股权时，视同享受递延纳税优惠政策的股权优先转让。递延纳税的股权成本按照加权平均法计算，不与其他方式取得的股权成本合并计算。

(四) 持有递延纳税的股权期间，因该股权产生的转增股本收入，以及以该递延纳税的股权再进行非货币性资产投资的，应在当期缴纳税款。

(五) 全国中小企业股份转让系统挂牌公司按照本通知第一条规定执行。

点评：在税收上，专门针对"新三板"的税收政策很少，"新三板"公司适用上市公司还是非上市公司税收政策一直处于模糊地带，现行税收文件一般将上市公司限定为沪深两市，但是根据《国务院关于全国中小企业股份转让系统有关问题的决定》(国发〔2013〕49号)的规定，新三板企业，"市场建设中涉及税收政策的，原则上比照上市公司投资者的税收政策处理"。101号文，将"新三板"企业纳入非上市公司范畴，对于开展股权激励，无疑是一大利好。当然，对于二级市场中的股权转让，按照上市公司处理对转让个人则更有利。

适用本通知第二条规定的上市公司是指其股票在上海证券交易所、深圳证券交易所上市交易的股份有限公司。

第四节
知情权的风险

案例6.16 真功夫公司股东知情权纠纷案

2012年5月25日，知名餐饮企业真功夫公司创始人蔡达标向真功夫公司发出《关于查阅、复制公司有关资料的函》等函件，要求行使股东的知情权。真功夫公司认为，由于其无法确认和核实函件中"蔡达标"的签名及其授权是否真实等原因，拒绝向其提供相关材料。

于是，蔡达标以股东知情权受损害为由向广州市天河区法院提起诉讼，请求真功夫公司安排蔡达标委托的代理人，查阅公司自2011年3月至2013年7月18日止的全部股东会会议记录及决议、董事会会议记录及决议、监事报告、财务会计报告及审计报告；安排其代理人及聘请的会计专业人员查阅公司上述期间的会计账簿；向蔡达标提供上述期间未经股东会、董事会审议批准而做出的可能影响股东权益的各项重大决策和行动的批准文件或决策程序信息，提供公司内部公司治理架构变更及高管人员变更及其职能等可能影响股东权益的信息。天河区法院一审判决支持了蔡达标的大部分请求。

真功夫公司不服一审判决，提出上诉。

2013年12月12日，真功夫公司董事长蔡达标因犯职务侵占罪和挪用资金罪，被广州市天河区法院判处有期徒刑14年。

2014年5月6日，广州中院对一审进行了部分改判，终审判决：真功夫公司于判决生效后十日内，将2011年3月17日至2013年7月18日止的会计账簿提供给蔡达标委托的代理人及会计专业人员查阅，将此期间的董事会会议决议、监事报告、财务会计报告提供给蔡达标委托的代理人查阅、复制，驳回蔡达标的其他诉讼请求，即其要求行使的是股东知情权而非董事权利。因此，法院认为蔡达标要求行使对董事会会议记录、审计报告的知情权缺乏事实及法律依据，不予支持。

广州中院认为，股东知情权是公司法赋予股东通过查阅公司的股东会会议记录、董事会会议决议、监事会决议、财务会计报告等有关公司经营、管理、决策的相关资料，实现了解公司的经营状况和监督公司高管人员活动的权利。股东知情权是股东行使其他权利的前提。本案中，蔡达标已依照法律规定履行了申请查阅会计账簿的前置程序，蔡达标作为股东有权请求法院保障其依法行使股东知情权。

一、股东知情权

股东知情权是指法律赋予公司股东了解公司信息的权利。股东知情权包括股东了解公司的经营状况、财务状况以及其他与股东利益存在密切关系的公司情况的权利。近年来，我国股东知情权纠纷不断增多，无论是有限责任公司，还是股份有限公司均有发生。在非上市公司中，通常表现为参与经营管理的股东或执行事务的股东侵犯非参与经营管理的股东的知情权，并使其收益权被全部或部分剥夺。

《公司法》第33条规定了有限责任公司股东知情权：股东有权查阅、复制公司章程、股东会会议记录、董事会会议决议、监事会会议决议和财务会计报告。

股东可以要求查阅公司会计账簿。股东要求查阅公司会计账簿的，应当向公司提出书面请求，说明目的。公司有合理根据认为股东查阅会计账簿有不正当目的，可能损害公司合法利益的，可以拒绝提供查阅，并应当自股东提出书面请求之日起15日内书面答复股东并说明理由。公司拒绝提供查阅的，股东可以请求人民法院要求公司提供查阅。

《公司法》第97条规定了股份有限公司股东知情权：股东有权查阅公司章程、股东名册、公司债券存根、股东大会会议记录、董事会会议决议、监事会会议决议、财务会计报告，对公司的经营提出建议或者质询。

二、股东分红知情权

案例6.17 丙股东分红权如何保障？

2009年，甲乙丙三人共同投资1000万元成立了一家软件开发公司，其中丙股东出资150万元，占15%的股份。经过6年的经营，至2015年底，该公司已经累计盈利1580万元。

丙股东曾多次向公司提出分红，并收回投资款，但甲乙两个股东以抓住机会扩大经营为由，否决了丙股东提出的分红方案，同时要求丙股东追加投资。

丙股东不服，向所在地法院提起诉讼。法院认为公司虽盈利1580万元，但超过三分之二比例的股东在公司股东会上拒绝通过丙股东提出的分红方案。因此，法院不支持丙股东的诉讼申请。

鉴于公司连续盈利五年以上，法院判决公司持反对意见的甲乙两股东须按市场价格回购丙股东的股份，具体标准为2015年经审计后的公司净资产。

股东分红，是指公司按照法律规定或章程的约定向股东分配利润。《公司法》规定：公司股东享有包括分红在内的资产收益权，但股东要想分红，必须具备两个条件：一是公司有利润可分；二是公司股东会通过了分红决议。本案中，公司有利润可分，高达1580万元；但股东会未通过分红决议。因此有了法院的上述判决。

《公司法》第75条规定，公司连续五年不向股东分配利润，而该公司连续五年盈利，并且符合本法规定的分配利润条件，自股东会会议决议通过之日起60日内，对股东会该项决议投反对票的股东可以请求公司按照合理的价格收购其股权；股东与公司不能达成股权收购协议的，股东可以自股东会会议决议通过之日起90日内向法院提起诉讼。本案中，法院要求公司的甲乙两股东应按法律规定回购丙股东的股份。

对于股东的红利分配，除了法定分配方式之外，可经全体股东同意，法律允许公司章程自由确定股东按何种方式分配红利。可以采取的方式如下：

1. 直接规定股东分配的比例。
2. 直接规定某股东放弃分红。
3. 在章程中设定一定期限或利润达到一定数额等条件，强行分红。

三、合伙人知情权

案例6.18　某公司用坏账准备金来调低合伙人分红

某公司规定，对超过1年的应收账款开始计提坏账准备金，比率为5%，该公司在2013—2015年的各年中，坏账准备的余额明细见表6.2。

表6.2 老政策的坏账准备明细表　　　　　　　　　　　　　　　　　　　万元

内容＼年份	2013年	2014年	2015年
当年应收账款余额	1187.00	1182.00	1247.00
当年坏账准备余额	59.35	59.10	62.35
应收账款净额	1127.65	1122.90	1184.65

公司经营层在分析历年来企业应收账款的回收情况时发现，企业2年以上的应收账款收回的难度非常大，发生坏账的可能性也非常高，为了提纯企业资产，让报表数据反映企业资产的真实质量，决定调整坏账准备的计提方式，将坏账准备的计提标准改为：账龄1年以内的提5%，账龄1~2年的提20%，账龄2~3年的提50%，账龄3年以上的提80%。那么在采用追溯调整法的情况下，公司的坏账准备项目明细账调整如表6.3所示。

表6.3 新政策的坏账准备明细表　　　　　　　　　　　　　　　　　　　万元

账龄	计提坏账比率	2013年 应收余额	2013年 计提坏账准备金	2014年 应收余额	2014年 计提坏账准备金	2015年 应收余额	2015年 计提坏账准备金
1年以内	5%	230	11.5	220	11	208	10.4
1~2年	20%	364	72.8	153	30.6	172	34.4
2~3年	50%	247	123.5	302	151	112	56
3年以上	80%	346	276.8	507	405	755	604
合计		1187	484.6	1182	598.2	1247	704.8

通过对表6.2和表6.3的比较，从2013—2015年，企业由于坏账准备计提方式的改变，需要调整的未分配利润值如表6.4所示。

表6.4 追溯调整的坏账准备明细表　　　　　　　　　　　　　　　　　　万元

内容＼年份	2013年	2014年	2015年
按新政策需要调整金额	425.25	113.85	103.35
按新政策坏账准备金余额	484.60	598.20	704.80
公司当年销售收入	2000.00	2109.00	2254.00
企业当年净利润	364.00	452.00	441.00
按老政策坏账准备金余额	59.35	59.10	62.35
按老政策当年对坏账准备的调整额	59.35	-0.25	3.25
调整额占当年销售收入的比率	21.26%	5.40%	4.59%

1. 按新政策，2013年年底时，坏账准备科目余额应该为484.60万元，目前已经有59.35万元，所以需要补提425.25万元(484.60-59.35)。

2. 2013年年底时，坏账准备科目已经有余额59.35万元，要想在2014年时该项目余额为59.10万元，需要冲回0.25万元。所以2013年当年计入管理费用的坏账准备为0.25万元。

3. 2014年年底时，坏账准备科目余额为59.10万元，要想在2015年时该项目余额为62.35万元，需要再补提3.25万元(62.35-59.10)，所以2015年当年计入管理费用的坏账准备为3.25万元。

4. 按新政策，2014年年底时，坏账准备科目余额应该为598.20万元，按新政策坏账准备金余额为484.60万元，要想实现598.20万元的余额，只需要补提X万元，且满足484.60+(-0.25)+X=598.20万元，计算可知，2014年需要补提113.85万元(其中的0.25万元为老政策时，企业已经冲减的金额)。

5. 按新政策，2015年年底时，坏账准备科目余额应该为704.80万元，按新政策坏账准备金余额为598.20万元，要想实现704.80万元的余额，其需要补提Y元，且满足598.20+3.25+Y=704.80。计算可知，2015年带要补提103.35万元(其中的3.25万元为老政策时，企业已经提了的金额)。

从表6.4可以看出，由于调整了应收账款坏账准备的计提方式，企业应该减少本来属于2013年的未来分配利润425.25万元，占2006年销售收入的21.26%。

如果企业在2013年就采用了新政策，则当年企业"由盈转亏"(364-425.25=-61.25)；2014年和2015年的情况也类似。

这里所指的合伙人系不具有股东身份，但出资享有公司的净利润或超额利润分配的人。相比股东来说，合伙人的利益更易受到伤害，因为股东的权益受公司法保护。

值得注意的是，如果企业调整应收账款的账龄，更不容易被识别，因为对以往应收款项账龄的划分，合伙人一般都很难分辨清楚。

在实务中，合伙人没有查看公司财务账簿的法律权利，因此公司可以利用信息不对称，进行人为调账，尤其在虚增费用上做文章，就像表6.3所示的那样人为调低了利润。

第五节
落地的风险

在实务中，大型企业(上市公司)与中小企业在合伙人制度的导入初衷、操作套路和落地技巧等方面有较大的差异。

前者经过多年的发展，企业预防风险的能力极大提高，控制权旁落和阴沟翻船成为小概率的事件了。从这个意义上来说，合伙人制度更多是锦上添花的事情，是二次甚至是N次创业问题，是1到N过程中的一环。笔者重点说下后者。

众所周知，中小企业对外面临着融资难的问题，而引进外部合伙人可能会出现"辛辛苦苦几十年，一下回到解放前"的窘境。不融资是等死，融资了是找死，这是中小企业老板的两难问题！

中小企业也面临着人才激励的问题，在企业业绩增长乏力、支付能力不足、增量不多的前提下，如何让员工保持创业者的心态，同舟共济？也许合伙人制度是不二的选择。

更进一步来说，中小企业更需要优秀的同事、有潜力的员工来为发展添加动力。这些核心人才未来将会以合伙人的身份真正主导自己的事业与未来，而一个有战斗力的团队，是所有企业发展的必备基础。所以合伙人制不仅属于那些有钱的大公司，更属于创业公司，也最终将属于传统企业。

因此，中小企业从合伙人制度的设计到合伙人股权的设计，从先恋爱到婚姻，体现了操作的灵活性与实用性。万里长征，靠的是信仰的力量和情怀的维系，淬火成钢，走过来的才是真正的英雄，是0到1的过程。正如马云所说的：梦想是要有的，万一实现了呢。

那么中小企业如何解决合伙人制度的落地问题？笔者认为要考虑四个要素，如图6.6所示。

图6.6 企业人制度落地的四要素

一、老板的支持

任何的改革或方案不可能使所有的员工满意,这必然会涉及部分人的核心利益,各种中伤、诽谤会接踵而至。正如李克强总理所感慨的那样:"触动利益比触动灵魂还难。"作为老板要坚定地、实质性支持合伙人制度的设计与落地,而不是不闻不问、作壁上观、丢卒保帅、冷眼相对。

笔者在企业时主持过多次重大的改革,也触及了人性的最脆弱之处。对于黎明前的黑暗,有时无奈、无助,体会深刻,故常怀对老板的感恩之心。纵观我国历朝历代的改革,改革者能功成身退、有始有终的寥寥无几,例如商鞅、王安石和张居正的下场常使人扼腕和叹息。

因此,正如我们前面所说的合伙人制度的设计是企业的顶层设计,它离不开老板的坚定支持,否则设计者出局是必然的,如同流星一闪而逝。

顶层设计作为最新的政治名词,首见于我国的"十二五"规划文件中。它是指运用系统论的方法,从全局的角度,对某项任务或者某个项目的各方面、各层次、各要素统筹规划,以集中有效资源,高效快捷地实现目标。例如我国目前推进的政治体制改革、医疗改革等,涉及的利益错综复杂,没有最高层的推动,很难有实质性的成效。

笔者认为顶层设计有两层含义,一是与老板直接相关的,别人代替不了的,例如企业内部治理结构;二是影响全局的,需要老板决策的事情,而这些事情只能是自上而下推进的。合伙人制度的设计正好符合这两点。

二、同事们的支持

获得老板支持的改革并不一定能推行成功,还有一个决定性因素是同事们的支持,特别是掌握核心资源的某些人的支持。例如王安石变法受到了宋神宗的坚定支持,在一定程度上改变了北宋积贫积弱的局面,充实了政府财政,提高了国防力量,但是遭到了司马光、欧阳修等重臣的强烈反对。最后变法因宋神宗的去世而告终。

在推行合伙人制度时,要与核心部门,例如业务、研发等保持沟通,让他们参与其中,获得他们的支持,那么方案就成功了一半了。至于其他部门,就是"吃瓜群众"了。

三、好的时机

对于企业来说,有两个时机要把握住,一是危机时,二是走上坡路时。我们知道任何的危机就是时机。在危机来临时,人人自危,这时企业做必要的改变,员工能够接受。

而企业在走上坡路时,有较强的盈利能力、足够的支付能力、员工士气高涨、企业前景光明,这时导入合伙人制度就更易成功,特别是员工愿意出资成为合伙人。

因此,合伙人制度设计尤其讲究天时、地利、人和。

四、循序渐进

俗话说得好:"欲速则不达。"历史经验告诉我们,改革只有循序渐进,才能确保质量。否则就会有"出师未捷身先死,长使英雄泪满襟"的遗憾。例如著名的戊戌变法,光绪帝打算通过一次变法解决经济社会中的所有问题,但最终以失败而告终。

因此,合伙人制度的设计要循序渐进,讲究策略与对价;要先试点,后推广。唯有如此,合伙人制度才能为企业的发展添砖加瓦。

雄关漫道真如铁,而今迈步从头越。

正如《在路上》这首歌曲所写的那样:

"那一天,我不得已上路,为不安分的心,为自尊的生存,为自我的证明。路上的辛酸已融进我的眼睛,心灵的困境已化作我的坚定。

在路上,用我心灵的呼声;

在路上,只为伴着我的人;

在路上,是我生命的远行;

在路上,只为温暖我的人。"

合伙人制度在路上,是非成败转头空,光荣依旧在,几度夕阳红。

合伙人制度在路上,必将成为未来十年企业管理新思维。

正如美国科幻作家威廉·吉布森说的:"未来已经到来,只是尚未流行。"

让我们一起拥抱合伙人时代的到来!